Globe

La Grèce antique

De l'art grec
archaïque
à l'hellénisme

ART ET ARCHITECTURE

Mode d'emploi

Afin d'offrir au lecteur un livre à la fois intéressant, passionnant et aisé à consulter, chaque période a été divisée en trois types de sections, reconnaissables aux onglets de couleur sur le côté des pages : jaune pour l'art et l'architecture, bleu pour les contextes historique et culturel et enfin, rose pour l'analyse des chefs-d'œuvre. Chaque double page aborde plus en détail un sujet spécifique en proposant une introduction et plusieurs illustrations commentées. De la sorte, le lecteur choisira la manière et l'ordre de lecture de l'ouvrage : systématique, thématique ou selon l'inspiration. Egalement illustrés, des cartes et des index de noms et de lieux historiques viennent compléter les informations fournies dans le corps du livre. Ceux-ci permettent d'identifier sur-le-champ œuvres, lieux et personnages importants.

■ Page 2 :
Athéna pensive
Relief votif de 460 av. J.-C.,
Athènes,
Musée de l'Acropole

CONTEXTE ARTISTIQUE ET HISTORIQUE

ANALYSE DES CHEFS-D'ŒUVRE

Sommaire

6 Apprendre à interpréter l'art grec

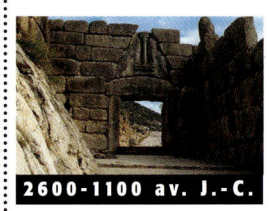

2600-1100 av. J.-C.

Entre mythe et réalité : Minos et Mycènes

- 10 La Crète de Minos
- 12 Le cœur de l'État : le Palais de Cnossos
- 14 Exubérance et vivacité
- 16 Guerre et commerce : le monde mycénien
- 18 Mycènes : une citadelle inexpugnable
- 20 Or et naturalisme

1100-610 av. J.-C.

La forme en tant que style : géométrie et orientalisme

- 24 Du mythe à l'histoire
- 26 L'encadrement du cosmos : la grande amphore du Dipylon
- 28 Le goût de l'ordre
- 30 Le style orientalisant : la fantaisie asiatique

323-31 av. J.-C.

Grandeur et destin tragique de l'individu. L'hellénisme.

- 102 Alexandre et la naissance de l'hellénisme
- 104 L'individu face à lui-même : Lysippe
- 106 La monarchie divine dans l'hellénisme
- 108 L'urbanisme vu comme une mise en scène
- 110 L'histoire en tant que drame : l'autel de Zeus
- 112 L'urbanisme au service du bien-être
- 114 Les sanctuaires d'Asie Mineure
- 116 Une montagne pour sépulture, l'infini comme frontière
- 118 Le portrait et la découverte de l'individu
- 120 Les limites à double sens du naturalisme
- 122 Érotisme et grâce
- 124 Enfance et introspection
- 126 Mythe et individu : le drame d'Ulysse à Sperlonga
- 128 La libération des formes : le cri de Laocoon

610-480 av. J.-C.

L'expérience de l'espace : l'archaïsme

- 34 Le succès de la Cité *(polis)*
- 36 L'Acropole d'Athènes avant sa destruction par les Perses
- 38 L'énergie dynamique du kouros
- 40 L'énergie inébranlable de la koré
- 42 Nature, art et divinité : le sanctuaire de Delphes
- 44 La puissance du style archaïque : Paestum
- 46 Genre épique colonial : le temple C de Sélinonte
- 48 L'âge d'or de la céramique peinte

480-450 av. J.-C.

L'art comme éthique : la période d'austérité

- 52 Aristocratie et démocratie : Sparte et Athènes
- 54 Hommes et héros : la victoire sur le chaos
- 56 Le temple dorique comme définition de l'espace
- 58 Action et temps intérieur : le maître d'Olympie
- 60 Eternel aujourd'hui et culte du présent
- 62 La richesse de l'univers des colonies
- 64 Le mystère de l'au-delà dans la tombe du plongeur à Paestum
- 66 Corps et esprit : tout ce qui est humain est beau

450-323 av. J.-C.

L'humanisation du cosmos : la période classique

- 70 Le triomphe d'Athènes : l'époque de Périclès
- 72 Le mythe grec : l'Acropole d'Athènes
- 74 Phidias ou l'humanisation du divin
- 76 L'Olympe accessible
- 78 L'époque classique des temples doriques
- 80 Libres dans l'espace : Polyclète et Polygnote
- 82 La mise en scène de la destinée : théâtre et tragédie
- 84 Guerre du Péloponnèse et crise de l'idéal classique
- 86 La confrontation avec la mort : le Céramique d'Athènes
- 88 La déification de l'individu : le Mausolée d'Halicarnasse
- 90 Pathos et nostalgie : l'époque de Scopas et Praxitèle
- 92 Rêver pour guérir : le royaume d'Épidaure
- 94 L'urbanisme au service des hommes : Priène
- 96 Le déclin des formes classiques
- 98 La créativité de la "Grèce orientale"

Annexes

- 132 Carte
- 134 Chronologie
- 136 Index des noms
- 140 Index des mythes et des dieux
- 142 L'art grec dans le monde

Apprendre à interpréter l'art grec

L'art grec est un phénomène riche, varié et complexe, qui pourrait bien être un fait unique dans l'Histoire. Son évolution a été déterminée par la découverte progressive de l'homme et de la place qu'il occupe dans le monde, face à la nature, au divin et aux questions que suscite le développement de la conscience de sa propre existence. La pensée libre, spéculative, est devenue un instrument unique d'approche de la réalité. Elle a paru en état de procéder à une analyse pointue qui aurait l'audace de rejeter au second plan les dieux et les mythes obscurs. La première phase de ce processus s'est caractérisée par une expression sans préjugés, et une vitalité spontanée. Plus tard, le développement de la pensée rationaliste a donné naissance à des expressions artistiques qui ont permis de mieux connaître le cosmos et de se l'approprier. L'homme pouvait dès lors en découvrir les vérités premières en se fondant sur les règles d'harmonie et de beauté, qui devaient lui permettre de vaincre les forces morcelées du chaos. Des événements historiques dramatiques ont ensuite réduit en miettes ces certitudes. La dernière phase de l'art grec sera une expression douloureuse du désespoir de la conscience, égarée suite à la perturbation de l'équilibre qui s'était établi entre l'homme et une Histoire qui refusait de se laisser enfermer dans des schémas abstraits.

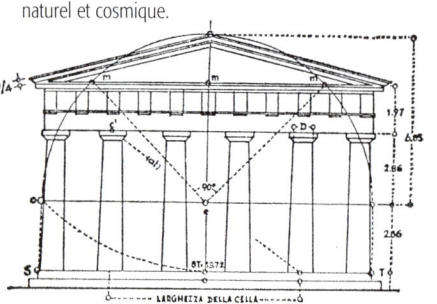

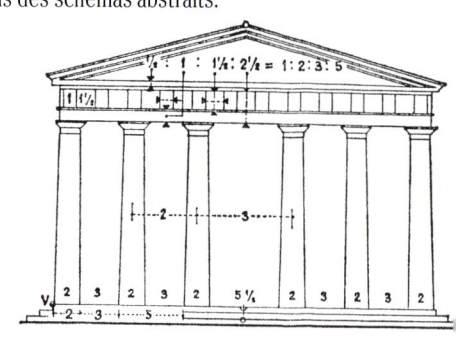

▼ Le temple grec est conçu sur la base d'un jeu d'harmonies entre les lignes et les volumes vides. Les lignes horizontales et verticales, les surfaces pleines et vides se trouvent en équilibre géométrique les unes par rapport aux autres. Le goût de l'ordre et de la mesure est la matérialisation de l'ordre naturel et cosmique.

◀ *Statue d'Héra,* provenant de l'Héraion, sur l'île de Samos, 570 av. J.-C., Paris, Musée du Louvre. Cette stèle remarquable est loin d'être une forme géométrique abstraite. Elle est modulée par la lumière qui offre vie et chaleur au marbre. Ce pourrait être une colonne anthropomorphe qui jaillit du sol comme la tige d'une fleur, support idéal d'un cosmos à dimension humaine.

▼ C'est assez tard que le plan circulaire a vu le jour dans la construction des temples. Il était destiné à lui donner une forme qui en fasse la plaque tournante des forces universelles.

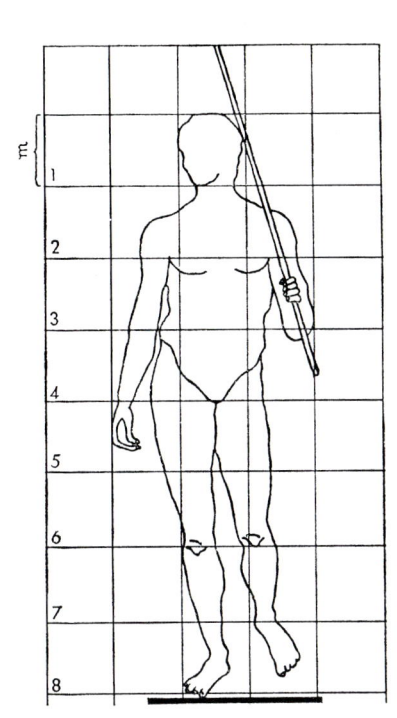

◀ Au milieu du 5e siècle av. J.-C., Polyclète a créé un canon de proportions qui restituait la forme de la silhouette humaine. Le mouvement dans l'espace a ainsi fait son apparition dans la loi qui régit l'harmonie universelle.
Ou, comme l'exprimait son contemporain, le philosophe Protagoras : "L'homme (à savoir l'individu) est la mesure de toutes choses."

▼ Le temple se compose toujours d'un espace central ou *naos*, entouré d'une colonnade, le péristyle. Ce schéma simple pouvait être décliné en de nombreuses variations qui répondaient toutes aux mêmes principes d'équilibre.

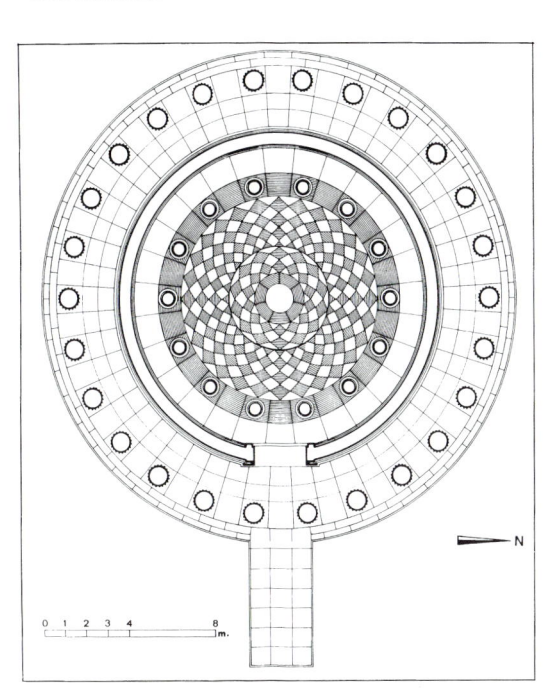

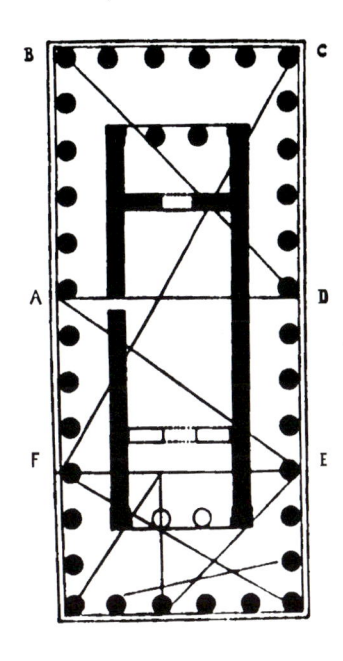

CONTEXTE ARTISTIQUE ET HISTORIQUE

2600-1100 av. J.-C.

Citadelle de Mycènes, La Porte des Lions, 13e siècle av. J.-C.

Entre mythe et réalité :
Minos et Mycènes

2600-1100 av. J.-C.

La Crète de Minos

Vers 2600 av. J.-C., des groupes venus d'Anatolie se sont établis en Crète. Vers 2000 av. J.-C., les villages sont devenus des royaumes indépendants. C'est à cette époque que la flotte crétoise a créé un réseau commercial très étendu, contribuant ainsi tant à l'enrichissement de l'île, tout comme la fondation de colonies. La superbe vaisselle de style Kamarès et l'introduction du "Linéaire A", une écriture d'abord hiéroglyphique et ensuite syllabique, sont témoins du degré élevé de prospérité et de civilisation atteint au cours de cette période protopalatiale. Vers 1700 av. J.-C., un tremblement de terre (à moins que ce soit une vague d'invasions) détruit villes et palais. La civilisation minoenne se relève pourtant et atteint un raffinement jusque-là inconnu au cours de la période néopalatiale qui prend fin vers 1400 av. J.-C. C'est l'époque du mythique Minos, lorsque Cnossos dominait toute la Crète. C'est d'alors que datent les vestiges des grands palais et des luxueuses villas. Les fresques et les sculptures, l'orfèvrerie, les céramiques ornées de motifs maritimes ou de plantes, le travail du métal atteignent des sommets inédits. Vers 1450 av. J.-C., une nouvelle catastrophe détruit la Crète qui entre, peu après, dans la zone d'influence de Mycènes.

◀ *Cratère de style Kamarès,* provenant de Phaistos, période protopalatiale (2000-1700 av. J.-C.), Musée archéologique d'Héraklion. Ce cratère était sans nul doute destiné à la table du roi. C'est un exemple extraordinaire de la richesse du style naturaliste, comme le révèlent les ornements tridimensionnels qui lui confèrent un caractère festif.

▼ "Mosaïque de la ville", provenant de Cnossos, période protopalatiale (2000-1700 av. J.-C.), Musée archéologique d'Héraklion. Ces plaquettes de céramique qui représentent les façades de quelques maisons formaient sans doute ensemble un panoramique de la ville. Elles décoraient un coffre de bois. Les maisons comptaient deux ou trois étages et de grandes fenêtres. Elles étaient couvertes de toits plats avec des lucarnes.

2600-1100 av. J.-C.

◀ Phaistos, escalier et propylées du Nouveau Palais, 1600-1550 av. J.-C. L'escalier monumental mesure près de 14 mètres de large et offre une vue sur une magnifique place intérieure pavée sur laquelle passe un itinéraire de processions. La partie centrale des douze marches est un peu plus élevée, peut-être pour mettre mieux en valeur les personnes qui y circulaient, par rapport à celles qui évoluaient sur les côtés.

▼ Rue du centre de Gurnia, vers 1600 av. J.-C. Cette petite ville crétoise était bien située sur les pentes d'une colline. Elle est un des rares témoins des implantations minoennes de la 'classe moyenne'. Les rues en forte pente et irrégulières, bien que soigneusement pavées, séparaient les quartiers habités des sanctuaires situés près du palais et de la place du marché.

▶ *"La déesse aux serpents"*, statuette en céramique provenant du Palais de Cnossos, vers 1500 av. J.-C., Musée archéologique d'Héraklion. D'une vitalité débordante, cette femme brandit deux serpents et exhibe sa luxuriante poitrine. Ceci est sans nul doute lié à un culte ancien de la terre et de la fécondité. Sa plastique hautement dynamique et sa luminosité lui confèrent une remarquable vivacité.

CONTEXTE ARTISTIQUE ET HISTORIQUE

2600-1100 av. J.-C.

Le cœur de l'État : le Palais de Cnossos

Il ne reste que de rares traces d'un premier palais, édifié vers 2000 et détruit vers 1700 av. J.-C. La partie encore visible de la construction date de 1600 av. J.-C. et a été détruite deux siècles plus tard. Elle a été fouillée à partir de 1900, et partiellement reconstruite en béton armé, par Evans. Cette reconstitution serait actuellement considérée comme inadmissible, mais le résultat est impressionnant. Le complexe n'était pas entouré de murs, ce qui témoigne d'une période de paix et de prospérité. Le palais était construit sur une colline, ce qui souligne le caractère accessible des diverses entités qui, situées autour d'une majestueuse place centrale, présentent des façades à colonnes et des escaliers monumentaux. Les nombreux passages ont inspiré aux Grecs la légende du Minotaure. Il vivait dans un labyrinthe édifié par Dédale, considéré comme l'inventeur de l'architecture. Le palais était le siège de la royauté, du pouvoir politico-religieux et de l'administration, de la production et du commerce. On y trouvait des entrepôts gigantesques où les réserves alimentaires étaient conservées dans d'énormes jarres. C'est là aussi que se trouvaient de gigantesques salles de représentation et d'habitation, souvent ornées de fresques. On y trouvait aussi des appartements d'artisans et des salles de représentation. Il en ressort une ambiance unique, toute en insouciance et fête.

▼ *Reconstitution du Palais de Cnossos.* Le palais, d'une surface de 20.000 m², comptait à l'origine quelque 1.300 pièces et, à certains endroits, jusqu'à quatre étages. Sa structure était adaptée à l'environnement. Grâce à un recours systématique à de longs couloirs à colonnades, et à une alternance de surfaces vides et pleines, le palais ne donne pas la même impression de lourdeur que les palais mésopotamiens de la même époque.

2600-1100 av. J.-C.

ART ET ARCHITECTURE

▶ Le 'Mégaron de la Reine' est une salle de représentation garnie de bancs et ornée des fameuses fresques des danseuses et des dauphins (1600 av. J.-C.). Sans recourir pour autant à un langage artistique formel, ces fresques clairement et joliment rythmées font preuve d'une grande spontanéité, dans un esprit de naturalisme poétique.

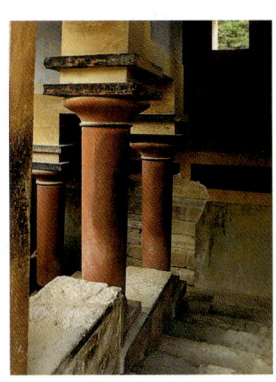

▲ Le 'Hall des doubles haches' est entouré d'une profonde galerie de colonnes conçue comme protection contre la chaleur estivale. Les nombreuses ouvertures assurent l'entrée d'une douce brise rafraîchissante. À l'intérieur, le trône et la richesse des décors muraux indiquent que cet espace était destiné à y recevoir des hôtes.

▲ Ces énormes *pithoi* se caractérisent par la richesse et la plastique de leur décor. Outre le centre administratif, politique et religieux, le palais abritait les réserves alimentaires du royaume.

▲ Tout proche de l'entrée Nord du palais, ce bain de purification était probablement destiné aux visiteurs et aux hôtes du Roi. Nous voyons ici une partie de l'escalier en colimaçon qui entoure le puits central. Sa forme et son diamètre ont pu être déterminés par l'étude des restes calcinés de l'escalier d'origine.

13

2600-1100 av. J.-C.

Exubérance et vivacité

L'art minoen se caractérise par sa référence permanente à la nature, aux animaux et aux gens. Il excelle à en exprimer les aspects les plus singuliers, traduits par des représentations particulièrement raffinées et d'une vitalité hors du commun. Ce langage artistique est extrêmement varié, puissant, novateur, souvent libre de préjugés.

◀ *Rhyton en forme de tête de taureau*, stéatite noire, provenant de Cnossos, période néopalatiale (1700-1400 av. J.-C.), Musée archéologique d'Héraklion. À la période néopalatiale, l'art du tailleur de pierre arrive à un sommet absolu. Une perfection qui se manifeste dans ce vase à libations auquel l'artiste a donné la forme de l'animal le plus divinisé de la religion minoenne. Remarquez le naturalisme remarquable dont témoignent la qualité des détails anatomiques figurant sur cette surface parfaitement polie et le rayonnement d'énergie émanant de la lumière. Les yeux sont en cristal de roche et en jaspe, les narines sont en nacre, les cornes (restaurées) sont en bois recouvert de feuilles d'or.

2600-1100 av. J.-C.

▼ *Rhyton avec moissonneurs,* stéatite noire, provenant de Haghia Triada, période néopalatiale tardive (16e siècle av. J.-C.), Musée archéologique d'Héraklion. Le cortège des moissonneurs avec leurs outils sur l'épaule est représenté avec un grand sens du détail, comme il apparaît aussi à la vue de l'homme qui trébuche et de celui qui rit. Au centre, un joueur de sistre qui donne le tempo aux chanteurs.

▶ *Bague d'or avec représentation de Dendrolatrie,* provenant de la tombe d'Archanès, période postpalatiale (vers 1400 av. J.-C.), Musée archéologique d'Héraklion. L'art minoen fait preuve d'une surprenante habileté à rassembler divers tableaux sur un espace extrêmement réduit, avec un dynamisme presque exagéré. Au centre, on reconnaît la divinité, à gauche, un homme semble enlacer un grand *pithos,* sur la droite, un autre déracine un arbre d'un temple. En outre, deux papillons sont clairement visibles.

◀ *Fresque avec Tauro-katapsie,* Cnossos, période néopalatiale ou postpalatiale (probablement vers 1200 av. J.-C.), Musée archéologique d'Héraklion. Cette fresque représente trois phases différentes d'un exercice de gymnastique particulièrement périlleux à caractère sacré : il consiste à saisir le taureau par les cornes, faire un saut de la mort sur son dos et sauter sur le sol. Les personnages pâles pourraient être des femmes. La fresque constitue une synthèse remarquable de naturalisme et de stylisme raffiné.

ANALYSE DES CHEFS-D'ŒUVRE

2600-1100 av. J.-C.

Guerre et commerce : le monde mycénien

CONTEXTE ARTISTIQUE ET HISTORIQUE

Vers le 16e siècle av. J.-C. s'est fixée dans le Péloponnèse une nouvelle civilisation influencée par la civilisation crétoise : c'est la civilisation mycénienne, du nom de Mycènes, sa ville la plus importante. Les centres politiques et économiques d'Argos, Pylos et Tirynthe étaient de puissantes Cités entourées de murailles. À l'intérieur se trouvaient les palais royaux, symboles d'une société guerrière et orgueilleuse. Une série de catastrophes naturelles allait entraîner la chute de l'empire minoen qui serait remplacé par celui de Mycènes. Celui-ci conquit la Méditerranée et gagna l'Asie Mineure. Les Achéens y livrèrent une guerre sans merci aux royaumes locaux, comme il ressort de la destruction de Troie. La puissance des diverses villes et les mythes mystérieux qui entouraient les diverses dynasties montrent que, malgré une culture assurément homogène, il n'a jamais existé d'unité politique. Plus tard, les événements dramatiques de cette période ont trouvé leur consécration dans les épopées d'Homère. L'économie était basée sur l'agriculture et l'élevage, ainsi que sur un commerce actif avec le monde méditerranéen. Le roi et ses vassaux dirigeaient une communauté d'agriculteurs, d'artisans et d'esclaves. Le culte de la grande déesse mère et des héros de souche royale était proche de la religion minoenne. Plus tard, les Grecs reprendraient une grande partie de ce panthéon. Au 12e siècle, la civilisation mycénienne disparaissait, suite à des différends internes et aux invasions.

▲ *Armure mycénienne* en métal avec casque en défenses de sanglier, provenant de Dendra, 14e siècle av. J.-C., Musée archéologique de Nauplie.

▼ Mycènes, Porte des Lions, vers 1250 av. J.-C. Les pattes avant des impressionnantes bêtes, dont la tête est dirigée vers ceux qui franchissent la porte, reposent sur deux autels. La colonne est sans doute une représentation divine.

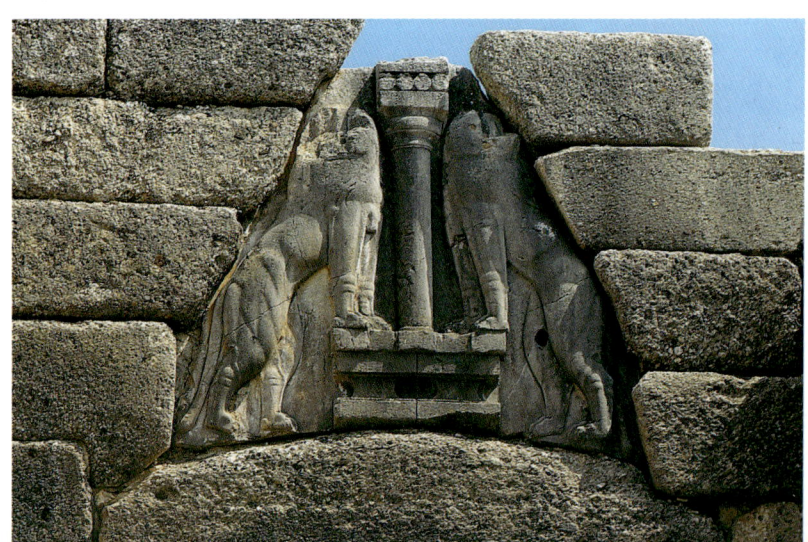

2600-1100 av. J.-C.

◀ Tirynthe, murs de la citadelle, 1425-1250 av. J.-C. Grâce à ses parties saillantes dans lesquelles se trouvaient des galeries et casemates en tous genres, cette citadelle de rocailles était assurément l'un des complexes militaires les plus impressionnants de l'époque.

CONTEXTE ARTISTIQUE ET HISTORIQUE

▶ Troie, vestiges des murailles datant du 13e siècle av. J.-C. La structure de défense de cette ville d'Anatolie ressemblait à celle des citadelles mycéniennes de la même période. Peut-être la légende du cheval repose-t-elle sur des événements qui, suite à un tremblement de terre, auraient affaibli la ville à un point tel que les Achéens ont pu l'envahir.

▼ *Vase des Guerriers mycéniens en marche,* 13e siècle av. J.-C., Musée national d'Athènes. La naïveté de la représentation est compensée par le mouvement de la femme, sur la gauche, qui salue le départ des guerriers. Le rendu de l'armement est particulièrement soigné, ce qui montre à quel point l'aristocratie militaire était révérée à Mycènes.

▲ *Tête de guerrier en ivoire,* provenant d'une sépulture mycénienne *(tholos),* 13e siècle av. J.-C., Musée national d'Athènes. Reproduction frappante du profil, avec une grande précision dans les contours. Le casque de cuir est paré de défenses de sangliers. On pouvait aussi y mettre de grandes cornes.

2600-1100 av. J.-C.

Mycènes : une citadelle inexpugnable

La ville de Mycènes était stratégiquement construite sur une importante route d'échanges commerciaux. Sa puissance allait se développer à partir des premiers siècles du 2e millénaire av. J.-C., avec l'arrivée d'une peuplade grecque qui utilisait l'écriture 'Linéaire B'. À partir du 15e siècle av. J.-C., la ville allait dominer les marchés méditerranéens et devenir le centre d'une grande civilisation dont l'héritage constituerait la base du monde grec. À l'abri des murailles, qui comportaient la Porte des Lions et une autre porte située au Nord, se trouvait l'acropole royale dans laquelle Schliemann a découvert de fabuleux trésors. L'impressionnant escalier qui menait au palais était édifié sur une série de terrasses artificielles devant lesquelles se trouvaient des propylées. Dans les salles intérieures, on identifie la salle du trône avec son foyer typique décoré de langues de feu et de spirales et cerné de quatre colonnes. Également un sanctuaire (peut-être celui qui est stylisé sur la Porte de Lions), une salle au sol rouge qui pourrait être le bain dans lequel, selon la légende, Clytemnestre aurait tué Agamemnon à son retour de Troie, et un mégaron qui revêt une importance considérable dans la mesure où il a servi de base au *naos* des temples grecs. Au travers d'un passage secret on pouvait rejoindre la rivière en cas de siège.

▲ Mycènes, sépulture à rotonde et coupole *(tholos)* qui contenait le fameux Trésor d'Atrée, 1300-1250 av. J.-C. Le plus récent et peut-être aussi le plus réussi des grands tombeaux à coupole qui entourent la Cité. Son nom est dû à Pausanias qui prétend qu'Atrée y aurait enfermé son trésor. L'allée d'accès est longue de 36 mètres et est constituée de rangées de pierres parfaitement taillées à angle droit, dont certaines sont extrêmement grandes. À l'origine, l'ensemble était enterré. Au-dessus de la porte se trouve un triangle ouvert, permettant de réduire le poids. La façade était richement ornementée.

◀ La route d'accès monumentale qui menait de la Porte des Lions au palais royal est toujours partiellement pavée avec les pierres d'origine. Elle menait à des propylées constitués de deux pièces en enfilade, avec une colonne centrale. De là, il fallait passer par un seuil et s'enfoncer dans un couloir pour atteindre la cour intérieure.

2600-1100 av. J.-C.

ART ET ARCHITECTURE

◀ Voûte de la sépulture qui contenait le Trésor d'Atrée, 1300-1250 av. J.-C.
Cette voûte est une fausse coupole. Elle se compose d'une série de blocs concentriques qui se chevauchent et sont tenus en place par leur propre poids et par celui de la terre qui les surmonte.

◀ Les tombes en puits du Cercle Royal A datent du 16e siècle av. J.-C. Lors de l'extension des fortifications, vers 1250 av. J.-C., elles ont été intégrées dans les renforcements de l'acropole. La clôture de pierres verticales, autour de laquelle se déroulaient peut-être des processions, protégeait les tombes très révérées des anciens rois. C'est ici que Schliemann a découvert les trésors fabuleux qu'il a attribués à Agamemnon.

▶ L'Acropole de Mycènes, palais fortifié des Atrides, s'élève sur une colline cernée de murs cyclopéens. De majestueux gardiens de pierre protègent l'entrée, face à laquelle se trouvent les énormes tumuli qui abritent les tombes d'une grande lignée de héros. Les événements tragiques qui se sont déroulés dans cette citadelle se sont traduits dans des mythes, voici des millénaires. Les trésors qu'y a découverts Schliemann sont fascinants. Cette ville était tellement importante qu'elle a donné son nom à toute une période.

2600-1100 av. J.-C.

Or et naturalisme

En 1870, Schliemann a fouillé cinq des six tombes du cercle A et y a trouvé une série d'objets peu commune. Au total, 14 kg d'or ("J'ai trouvé dans les tombes des trésors inestimables", dira-t-il) ainsi que les squelettes de huit hommes, neuf femmes et deux enfants de la famille royale. Ces tombes étaient fermées par des pierres ornées de bas-reliefs représentant des soldats sur des chars de guerre et d'ornements géométriques simples réalisés par des artisans locaux.

▼ *Masque d'Agamemnon,* or gravé provenant des tombes du Cercle Royal A de Mycènes, 16e siècle av. J.-C., Musée national d'Athènes. Le visage de quelques-uns des défunts était couvert d'un masque d'or étonnamment et primitivement invariable, typiquement mycénien, alors que l'on trouvait sur les corps des étoffes richement décorées à l'aide de rosettes de feuilles d'or. Alentour se trouvaient d'autres objets fabuleux en ivoire, or et céramique. La richesse et la beauté de ces découvertes – dont certaines ont été confectionnées sur place et d'autres importées – témoignent, au même titre que la vénération ultérieure de ces tombes, du fait qu'une dynastie royale a succédé à une oligarchie sur laquelle un cercle de tombes plus anciennes mais moins riches nous donne quelques informations.

2600-1100 av. J.-C.

ANALYSE DES CHEFS-D'ŒUVRE

▲ *Poignard de bronze* avec ornements d'or et d'argent, provenant des puits funéraires du Cercle Royal A de Mycènes, 16e siècle av. J.-C., Musée national d'Athènes. Brillant travail d'un orfèvre qui pourrait être d'origine crétoise, vu sa maîtrise de la technique, la fraîcheur de son naturalisme au style raisonné, les boucliers octogonaux et, surtout, le pouvoir de créer une vision spatiale sur un espace très réduit.

▶ *Rhyton en forme de tête de lion,* or ciselé, provenant des puits funéraires du Cercle Royal A de Mycènes, milieu du 16e siècle av. J.-C., Musée national d'Athènes. Cette remarquable représentation synthétique pourrait être l'œuvre d'un artiste local, inspiré par des modèles crétois. Il illustre, au même titre que le poignard, le fait que la monarchie mettait à l'honneur des valeurs aristocratiques telles que la guerre et la chasse.

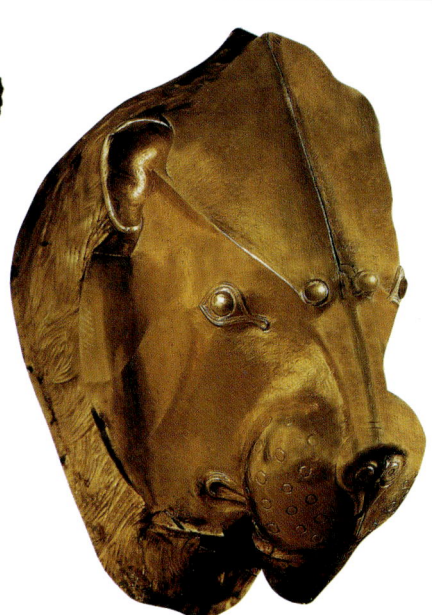

◀ *Tasses* en or ciselé, provenant du *tholos* de Vaphio, 16e siècle av. J.-C., Musée national d'Athènes. Représentation de la capture d'un animal sauvage et de la vie du taureau dressé. Les deux tasses montrent une interaction entre l'action et l'arrière-plan. L'intensité de l'expression, le rendu réaliste de chaque mouvement, la netteté des contours, et la capacité à opérer un mélange de raffinement, d'action et de repos idyllique sont, outre un sens aigu de l'improvisation plastique, des caractéristiques de l'art crétois. Il n'est cependant pas exclu que ces tasses soient l'œuvre d'un artiste mycénien qui ait su s'approprier toute la richesse du langage formel des Crétois.

1100-610 av. J.-C.

Cratère géométrique avec cortège funèbre, detail, 740 av. J.-C., Musée national d'Athènes

La forme en tant que style :
de la géométrie à l'orientalisme

1100-610 av. J.-C.

Du mythe à l'histoire

À l'effondrement du royaume mycénien ont succédé les 'années sombres', le Moyen Âge de la Grèce : les vestiges archéologiques sont rares, il n'y a pas de documents écrits et les sources historiques ne sont pas dignes de foi. Au milieu du 12e siècle av. J.-C., lorsque disparaît toute forme d'organisation de la société, c'est le début de l'invasion des Doriens venus du Nord-Ouest de la Grèce, alors que les Achéens de Mycènes se retirent vers le Sud et vers la Mer Égée. Cette société aristocratique qui vivait d'élevage et de pillages et dans laquelle les droits politiques étaient liés à la propriété figure à la base des épopées d'Homère et de la conscience grecque. Après cette époque d'obscurantisme, on assistera à un nouveau développement des Cités, de l'alphabet grec inspiré du phénicien, et du panthéon tel que nous le connaissons. En matière artistique, un culte inédit de la beauté se développe. Ce culte devient un instrument de connaissance et un moyen de s'approprier l'essence universelle des choses. Le nouveau goût de l'ordre, qui succède au chaos des siècles précédents, est géométrique. Il se caractérise par une certaine force du langage des formes et par une propension à grouper les formes naturelles dans un système de signes presque abstraits dont sont exclus tout naturalisme 'fortuit' et tout éclat aveuglant des métaux nobles. Cette quête hautement intellectuelle est orientée vers des valeurs absolues qui s'expriment en termes de savoir et donc de conscience. L'éclat sublime de l'art grec réside dans une phrase : "L'homme est la mesure de toutes choses".

◀ *Cratère funéraire* provenant de la nécropole du Dipylon, 7e siècle av. J.-C., New York, Metropolitan Museum. Le sujet est transfiguré par l'harmonisation de sa forme 'organique' et par une suite de signes qui représente une méditation, tant sur la vie et la mort que sur le rapport homme/cosmos. Ceci, dans un esprit de synthèse qui considère l'ordre et les proportions comme un idéal inéluctable, ouvrant la voie à l'expression de la nouvelle conscience de l'équilibre qui existe entre homme et nature, entre réalité physique et conscience humaine. Au même titre que la poésie et le théâtre, l'art confère un style et opère une synthèse.

1100-610 av. J.-C.

◄ *Artémis (?)* marbre de Délos, 660 av. J.-C., Musée national d'Athènes.
Sans doute la plus ancienne statue grecque en marbre. L'accent est mis sur le travail volumétrique et sur la matérialité physique. La position debout, les bras le long du corps, la coiffure et l'absence de mouvement rappellent les anciennes statues liées au culte.

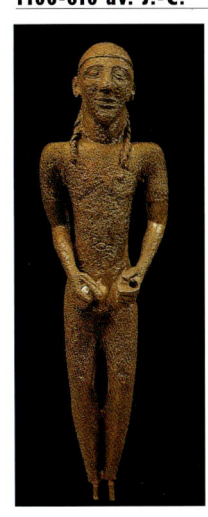

▶ *Aurige,* 675-650 av. J.-C., Musée d'Olympie.
Cette statuette de bronze annonce la fin des conceptions strictes, à la plastique géométrique. Dans cette nouvelle approche de l'espace, les bras se détachent du corps.

◄ Aristonothe, *Cratère représentant des scènes de l'Odyssée,* vers 670 av. J.-C., Rome, Museo dei Conservatori. Cette pièce pourrait provenir des environs d'Argos. Dans cette phase, l'art pictural s'est libéré de la logique d'airain des formes géométriques et est ouverte à la narration.

▶ *Petit temple votif,* provenant d'Argos, 8e siècle av. J.-C., Musée national d'Athènes.
L'architecture des sociétés archaïques présente un caractère pratique et utilitaire, exempt d'aspirations monumentales. Le séjour des dieux est calqué sur celui, modeste, des gens. La maison consiste en une seule pièce, elliptique à l'origine, puis rectangulaire et, ensuite, pourvue d'une abside. À l'intérieur, deux piliers soutiennent le faîte du toit à double pente.

CONTEXTE ARTISTIQUE ET HISTORIQUE

25

1100-610 av. J.-C.
L'encadrement du cosmos : la grande amphore du Dipylon

◀ *Amphore attique de la période géométrique tardive,* provenant de la nécropole du Dipylon, vers 770 av. J.-C., Musée national d'Athènes. Cette énorme amphore (1,55 m.) était une urne funéraire monumentale figurant sur la tombe d'une femme, au cimetière du Quartier des Céramistes, à Athènes. Cette œuvre, qui présente en son centre les pleureuses autour du corps, pourrait être une méditation sur le thème de la vie et de la mort, une donnée fondamentale de la vie humaine puisque l'homme est le seul être à pouvoir réfléchir au sens de sa vie. Les animaux craignent instinctivement ce passage de la vie à la mort qui est nié, au contraire, par les plantes en perpétuel renouveau. C'est peut-être là l'explication des grecques qui zigzaguent autour de la scène centrale. Ces grecques sans fin, face à la brièveté tragique d'une vie humaine et à la vitalité naturelle des animaux, donnent à l'ensemble une dynamique puissante, malgré la surface délimitée du vase.

1100-610 av. J.-C.

◄ La forme et la décoration sont parfaitement en accord l'une avec l'autre et forment un tout indivisible. Les bandes dans lesquelles se trouvent les grecques, les triangles et les losanges ainsi que celles qui représentent des animaux et le tableau central – le corps et les pleureuses – sont assemblées avec la rigueur d'une grande composition architectonique dont chaque élément joue un rôle bien déterminé. Cette œuvre présente d'étonnantes analogies avec la structure de l'*Iliade,* qui date de la même période. On y trouve la même énergie vitale, contrôlée et ordonnée par la forme.

ANALYSE DES CHEFS-D'ŒUVRE

▶ Le bandeau qui montre des chevreuils en train de brouter est extrêmement raffiné, au même titre que celui d'en dessous où ils sont accroupis (peut-être parce qu'ils sont conscients d'une menace : une mort rapide attend ces deux espèces).

▼ "Ils l'ont posé sur une civière. Ses amis l'entouraient en se lamentant." *Iliade*, XVIII, 232-234. La scène centrale est soulignée par les poignées qui se trouvent à la même hauteur. Elle montre la présentation solennelle du mort sur un lit, entouré des personnes qui le pleurent. Un tel rituel confirmait le prestige du défunt et de sa famille.

1100-610 av. J.-C.

Le goût de l'ordre

Le nouvel art grec souscrit désormais à de toutes autres valeurs que pendant la période exubérante des naturalismes minoen et mycénien. Après une période expérimentale protogéométrique, la période géométrique arrive à son apogée à partir du 9e siècle av. J.-C. Le sentiment de la forme va atteindre un caractère organique inusité qui s'est le mieux exprimé dans la céramique, mais qui est présent dans toutes les formes d'expression. L'art va se voir attribuer une nouvelle dimension : il ne sera plus un décor ou un ajout, mais une partie indispensable de l'acte humain de connaissance, pour autant qu'il puisse capter l'harmonie, perçue comme principe universel, et lui donner forme. L'art joue donc un rôle actif. À dater du 8e siècle av. J.-C., l'intérêt croît pour la représentation de la personne humaine dont, en parallèle, les poètes et les philosophes découvrent la complexité et la grandeur. Ainsi, on comprend que la vérité ne se trouve pas en-dehors du monde des sensations, mais dans ce monde, que l'on étudie et explique pour en découvrir le noyau. Un noyau qui, débarrassé de tout ce qui a trait au hasard, est restitué sous une forme organique, ordonnée, naturelle et perspicace, qui semble symboliquement condensée et idéalisée. En ce sens, la période géométrique est la première période réellement autonome de l'art grec : elle va donner lieu à un développement remarquablement cohérent et dramatique de ces principes.

▶ *Amphore du début de la période géométrique*, 10e/9e siècle av. J.-C., Musée de la Céramique d'Athènes.
Un exemple remarquable du passage à la période géométrique : la forme et le décor sont plus soignés, les cercles et demi-cercles sont dessinés au compas et aident à mettre l'accent sur la forme, toujours plus 'tectonique', du vase.

◀ *Petit cheval de bronze* de la nécropole de Fusco à Syracuse, fin du 8e siècle av. J.-C., Musée régional de Syracuse.
Cet objet est une version poétisée des exigences organiques qu'impose le style géométrique : lignes pures, abstraction et vivacité font référence à un principe universel. La forme 'véritable' ne peut pas être seulement la somme de détails naturalistes qui restent toujours individuels et sont soumis aux lois du hasard.

1100-610 av. J.-C.

CONTEXTE ARTISTIQUE ET HISTORIQUE

▼ *Oinochoe (carafe) attique*, 750-725 av. J.-C., Berlin, Staatliche Museen.
La sévérité abstraite qui a dominé au cours de la période précédente a perdu de sa force, mais l'art grec lui doit une préférence pour la précision, le rythme et la mesure, comme il ressort clairement de cette petite carafe.

◄ *'La Dame d'Auxerre'*, 2e partie du 7e siècle av. J.-C., Paris, Musée du Louvre.
Avant la moitié du 7e siècle av. J.-C., il n'y a pas en Grèce de témoignages de l'existence de statues à taille réelle. Il est donc possible que le style plastique dédaléen (de Dédale, l'artiste mythique découvreur du labyrinthe) soit né en Crète. On peut l'imaginer, à la vue de cette fascinante statue à mi-grandeur, riche en références à l'art égyptien venu de Crète.

29

1100-610 av. J.-C.

Le style orientalisant : la fantaisie asiatique

On entend par 'style orientalisant' un phénomène spécifique : la diffusion et l'imitation de sujets et d'éléments décoratifs orientaux, venus essentiellement de Syrie, de Palestine et de l'Est de l'Anatolie. Ces éléments ont été utilisés dans tout le monde grec, surtout aux 8e et 7e siècles av. J.-C. L'importante expansion et la fondation de colonies sont à l'origine d'une énergie considérable et créent des conditions toujours plus favorables aux échanges culturels. De là est né un grand éclectisme qui a pris progressivement ses distances à l'égard des sources originelles d'inspiration et a acquis un caractère commercial et décoratif, bien qu'il s'agisse d'un artisanat très qualitatif. La nouvelle naissance des motifs animaliers, la richesse des coloris et une fantaisie décorative sans contraintes trouvent leurs racines dans une terre nourricière mycénienne toujours présente. La nouvelle Cité grecque lui donne une nouvelle vie. Ces tendances orientalisantes sont les plus fortes dans les centres les plus riches. On y importe des produits de luxe, souvent développés en vue de favoriser un marché spécifique dans les grands sanctuaires et dans de nombreuses cours, parfois même pas grecques. Ceci a donné naissance à un style 'international', largement influencé par des clients qui attachaient plus d'importance à la richesse apparente de ces objets qu'à leur signification formelle.

◀ *Plat représentant Ménélas et Hector*, provenant de Kameiros (Rhodes), 650-600 av. J.-C., Londres, British Museum. Ce thème très exigeant est rare dans l'Est du monde grec où l'on continue plus volontiers à représenter des animaux, avec une certaine monotonie. L'œuvre n'est pourtant pas tout à fait réussie parce qu'une horreur du vide incontrôlée a poussé l'artiste à rompre l'équilibre entre les masses pleines et les masses vides en ajoutant une série d'éléments décoratifs qui éclipsent pratiquement le caractère dramatique de cet épisode.

1100-610 av. J.-C.

CONTEXTE ARTISTIQUE ET HISTORIQUE

◀ *Olpe corinthienne* de Kameiros (Rhodes), fin du 7ᵉ siècle av. J.-C., Londres, British Museum. Après le milieu du 7ᵉ siècle av. J.-C., l'habitude s'est répandue, surtout dans les milieux corinthiens et rhodiens, d'utiliser le répertoire oriental d'animaux sur toute la surface du vase, sauf sur son pied et son col.
Dans ce bel exemple, tous les éléments géométriques ont disparu. Dans les meilleurs exemplaires, on n'a pas perdu le goût de l'ordre et du rythme. Les couleurs vives et le jeu des lignes des contours et de la composition héraldique veillent à une élégance toute en fantaisie.

▼ *Protome (tête et haut d'un corps d'animal) de griffon, bronze,* provenant d'un grand chaudron, milieu du 7ᵉ siècle av. J.-C., Musée d'Olympie. Cet exemple témoigne du niveau élevé qu'avait atteint l'art du ciseleur, en particulier la technique de la cire perdue. Les yeux étaient en os. Cette pièce intrigue par sa plastique agressive et son rendu accrocheur.

▶ *Chaudron avec protomes et pied gravé,* provenant de Cerveteri, plaques de bronze, 7ᵉ siècle av. J.-C., Vatican, Musei Vaticani.
En Étrurie, l'inspiration orientalisante ressort clairement du travail des métaux. Un exemple en est cet impressionnant chaudron, imitation étrusque typique des modèles issus du royaume des Hourrites (Est de l'Anatolie), auquel fait défaut la tension créative et plastique des meilleures pièces originales.

▼ *Chapiteau éolien* provenant de Néandra, vers 600 av. J.-C., Musée archéologique d'Istanbul. Ce chapiteau éolien qui se trouvait sur une colonne de bois constitue l'élégant passage de la simple 'béquille' à la complexité du chapiteau ionique.

Quadrige de marbre, ex-voto de 460 av. J.-C., Athènes, Musée de l'Acropole.

610-480 av. J.-C

L'expérience de l'espace : l'archaïsme

610-480 av. J.-C.
Le succès de la Cité *(polis)*

L'origine de la Cité *(polis)*, dont nous trouvons peut-être des formes archaïques dans les épopées homériques, reste obscure. L'existence de cette nouvelle unité politique semble dériver de la création de colonies qui ont adopté le modèle étatique de la Cité mère. Du 8e au 6e siècle av. J.-C., le pouvoir est passé des structures familiales des origines à un système censitaire. Les tyrans, qui recrutaient leurs adeptes dans des classes de population qui étaient exclues des affaires de l'État, ont procédé à des réformes constitutionnelles qui ouvraient le pouvoir à un plus grand nombre de personnes. Sur le plan administratif, la Cité comportait la ville et les terres alentour. Sur le plan urbanistique, il y avait l'acropole, l'agora qui accueillait le marché et les réunions, une salle du conseil *(boulè)* et le prytanée pour le feu sacré. Il n'y avait pas de structures bureaucratiques dans la Cité ni de classe politique professionnelle. L'État était constitué de citoyens qui avaient le droit de participer à la vie politique et de voter aux assemblées du peuple, et qui prenaient toutes les décisions importantes. Les conditions de la citoyenneté différaient d'une Cité à l'autre. Tous les citoyens étaient conscients d'être maîtres de leur avenir et jouissaient d'une série de droits et de prérogatives qui étaient protégés par des lois acceptées de tous. L'art offrit, d'une manière absolument révolutionnaire, un mode d'expression à cette nouvelle conscience individuelle de soi, au rôle de l'individu et à ses obligations éthiques profondes.

▲ Athènes, Tribune des orateurs sur le Pnyx. Du 6e au 4e siècle av. J.-C., c'est là que se réunissait l'*ekklesia*, l'assemblée du peuple d'Athènes.

▼ Relief du socle de la statue funéraire d'un jeune homme (kouros), provenant du mur de Thémistocle, près du Céramique, 510 av. J.-C., Musée national d'Athènes. L'arrière-plan était rouge, à l'origine, peut-être par analogie avec l'art de la peinture sur vases, et donnait aux personnages un relief encore accru. Les hommes prennent part à un jeu d'équipe et semblent être tout à fait conscients de participer à un ballet rythmique et harmonieux. Remarquez les pieds qui se chevauchent et le personnage qui se trouve de dos, à droite : ces éléments témoignent d'un intérêt manifeste pour la troisième dimension.

610-480 av. J.-C.

◀ *Stèle funéraire d'Aristion,* provenant de Velanideza, 510 av. J.-C., Musée national d'Athènes.
Sur le socle se trouve gravée la mention 'Œuvre d'Aristoclès'. Dans cette œuvre très particulière, le corps est parfaitement rendu, modulé par la lumière, le drapage raffiné et l'élégance des détails. Il reste des traces des couleurs vivaces d'origine.

▲ *Tête de kouros,* provenant de la nécropole du Quartier des Céramistes, 610 av. J.-C., Musée national d'Athènes.
Cette tête faisait partie d'une statue de plus de deux mètres de hauteur représentant un jeune homme nu, debout. C'est un des sommets les plus fascinants de l'art sculptural archaïque. Il présente une connexion parfaite entre les lignes et les surfaces, un caractère presque abstrait et pourtant plein de vie, ce que renforce encore la lumière du soleil.

▼ Corinthe, Temple d'Apollon, après 550 av. J.-C.
Avec ses sept colonnes monolithiques restantes, ce remarquable temple est un des meilleurs exemples de l'ancien archaïsme. Les colonnes trapues avec leurs chapiteaux larges et plats sont typiques du style dorique archaïque, tout comme la forme très étirée du bâtiment (6 x 15 colonnes).

CONTEXTE ARTISTIQUE ET HISTORIQUE

610-480 av. J.-C.

L'Acropole d'Athènes avant sa destruction par les Perses

Le rocher sur lequel repose l'Acropole d'Athènes est une fortification naturelle, certainement habitée depuis le néolithique. Au 14e siècle av. J.-C., un palais mycénien y fut érigé et le plateau fut cerné de murs. Un siècle plus tard, on remplaça ces murs par des murs cyclopéens 'pélasgiques', plus résistants que ceux de Mycènes. Jusqu'au 10e siècle av. J.-C., c'est le roi d'Athènes qui habitait le palais. Ensuite, le palais fut remplacé par un temple édifié à l'endroit où se trouve aujourd'hui l'Érechthéion. À partir de ce moment, l'Acropole allait être exclusivement dédié à une fonction religieuse. Au 7e siècle av. J.-C., un grand sanctuaire y fut érigé, avec une première décoration de façade dramatique, à savoir deux lionnes qui dévorent deux veaux. L'édification des premières propylées se fit peu après, ainsi que l'agrandissement du temple à l'aide de divers blocs de pierres. Il en ressort un plus grand souci de monumentalité. Un deuxième fronton fut ajouté. Il représentait un mythe, nouveauté lourde de conséquences qui tient compte des conceptions anthropocentriques des Grecs. Après 510 av. J.-C. allaient apparaître de nombreux bâtiments de culte très colorés, des dizaines de monuments, des chambres aux trésors, des ex-voto et des sculptures qui témoignent de la richesse de l'archaïsme athénien. En 490 av. J.-C., après Marathon, fut entamée la construction d'un nouveau temple très brillant, symbole du triomphe de la démocratie sur les tyrans expulsés. En 480 av. J.-C., les Perses envahissaient Athènes et détruisaient l'Acropole. Les Athéniens n'eurent dès lors d'autre choix que d'enterrer les objets de culte profanés et d'en reconstruire de nouveaux par-dessus, dans un style sobre.

▲ *Athéna de marbre* provenant du fronton de la Gigantomachie de 'l'ancien temple', après 525 av. J.-C., Musée de l'Acropole d'Athènes. L'énorme déesse se jette dans la foule et virevolte avec son terrible aegis parsemé de serpents. À ses pieds gisent les géants vaincus. Cette œuvre symbolise la victoire des forces positives sur les chaos des origines. Les attributs rappellent la déesse minoenne aux serpents et démontrent à quel point ce culte est ancien.

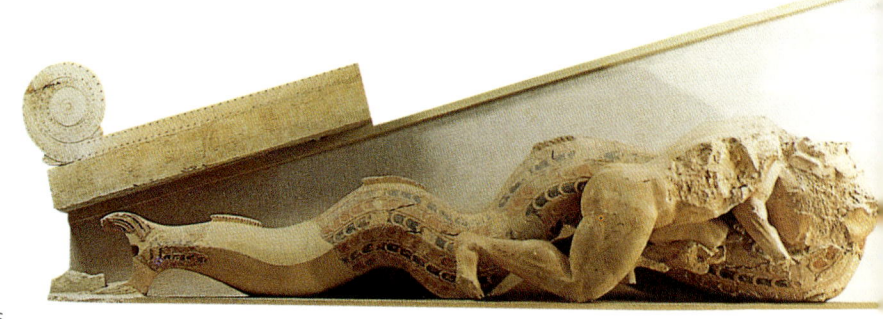

610-480 av. J.-C.

CONTEXTE ARTISTIQUE ET HISTORIQUE

▼ *Chevalier 'rampin'*, 560-550 av. J.-C. (la tête est un moule de l'original qui se trouve au Louvre), Musée de l'Acropole d'Athènes. Appartenait, avec un autre chevalier, à un ex-voto qui représentait peut-être les fils du tyran Pisistrate, grand protecteur des arts. Le dessin très archaïque est allié au travail raffiné du ciseleur pour la barbe et les cheveux. Le visage resplendit du bonheur interne qui se dégage de la découverte de la beauté du monde extérieur et de la conscience d'en faire partie.

▲ *'Moschophoros'*, 570 av. J.-C., Musée de l'Acropole d'Athènes. Le noble Rombo offre un veau à Athéna. Les deux sculptures sont fusionnées en une seule grâce au jeu linéaire des contours. Les têtes sont côte à côte, les bras et les pattes sont entremêlés. Comme dans toutes les œuvres archaïques, il ne s'agit pas d'un portrait à proprement parler, mais d'une idéalisation de l'homme qui offre un cadeau aux dieux. Il s'agit d'un symbole, pas d'un individu.

▼ *Scène de fronton* d'un grand temple sur l'Acropole, début du 6ᵉ siècle av. J.-C., Musée de l'Acropole d'Athènes. À gauche, Héraclès se bat avec Triton. À droite, Nérée, le démon à trois corps qui peut changer sans cesse d'apparence. Il personnifie les éléments : eau, air et feu. Représentation majestueuse aux couleurs éclatantes, sans aucun caractère dramatique. Les visages souriants expriment l'étonnement archaïque.

610-480 av. J.-C.

L'énergie dynamique du *kouros*

Le terme 'kouros' (jeune homme) désigne une image bien déterminée : il s'agit d'un jeune homme nu, debout, qui a une fonction votive ou funéraire. Sa caractéristique principale est le rendu du mouvement de marche. Cette attitude évolue et, sur une période d'un siècle environ, nous assistons à une maîtrise croissante de l'espace. Les plus anciens exemples, au 8e siècle av. J.-C., sont très abstraits et géométriques, avec des détails plus décoratifs que naturalistes. Au début du 5e siècle av. J.-C., on renonce à la frontalité et l'art de la statue se hasarde aussi à d'autres types.

▼ *Trio de Mycènes*, 2490-2472 av. J.-C., Musée Égyptologique du Caire.
Dans l'art sculptural égyptien de commémoration, les personnages ne sont pas indépendants par rapport à l'arrière-plan, au même titre que l'homme n'est pas indépendant du cosmos qui l'entoure.

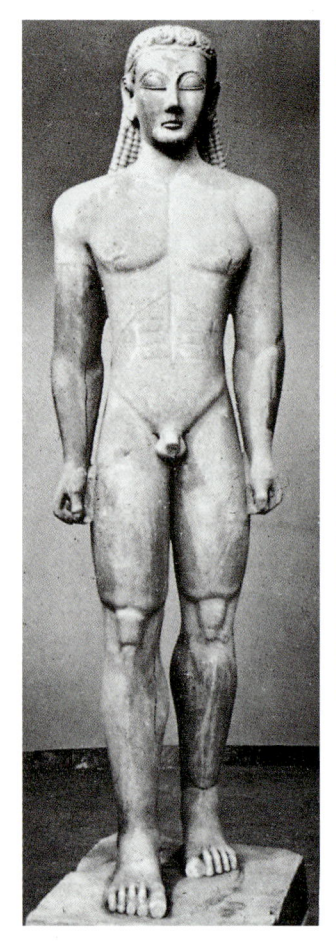

◄ *Kouros* du Cap Sounion, 600 av. J.-C., Musée national d'Athènes.
Ce très grand (3,40 m.) personnage en marche est ressenti comme une forme autonome qui peut maîtriser l'espace parce qu'il marche, et est isolé de l'arrière-plan. Par opposition à l'art égyptien qui l'inspire, le jeune homme franchit ici un pas en avant. Ainsi, l'homme est actif et ne se contente plus d'exister.

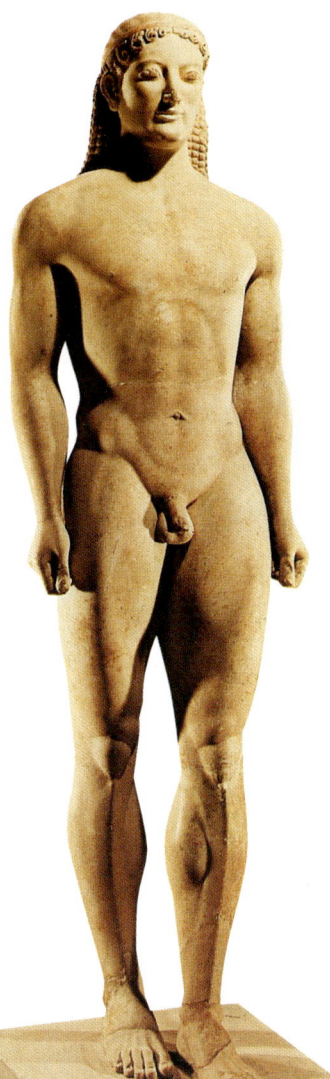

610-480 av. J.-C.

◀ *Kouros* d'Anavyssos, 525 av. J.-C., Musée national d'Athènes. "Kroissos, tombé au combat, en première ligne." Le nom est ionien et cette magnifique pièce est d'ailleurs de style ionique. Il doit sa forme à la lumière qui caresse les surfaces parfaitement polies.
Le jeune homme semble faire un pas en avant, comme hypnotisé par quelque chose. Ses bras sont entièrement détachés de son corps.

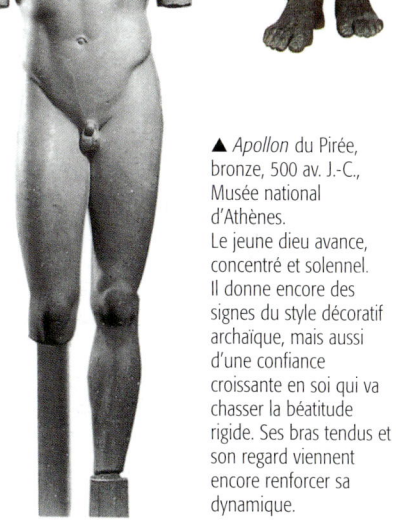

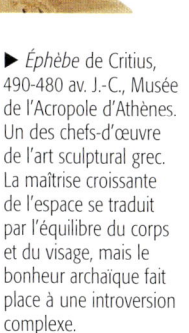

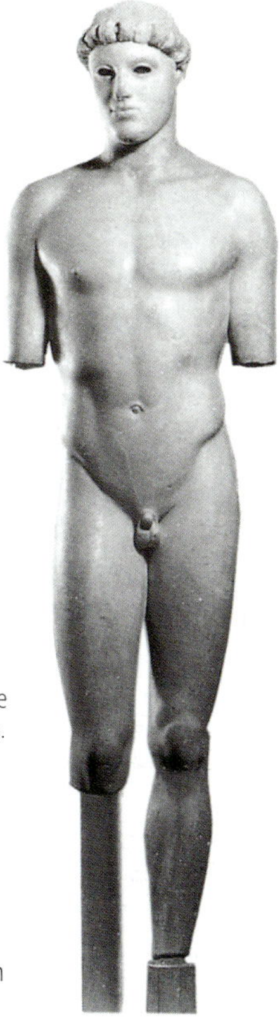

▶ *Éphèbe* de Critius, 490-480 av. J.-C., Musée de l'Acropole d'Athènes. Un des chefs-d'œuvre de l'art sculptural grec. La maîtrise croissante de l'espace se traduit par l'équilibre du corps et du visage, mais le bonheur archaïque fait place à une introversion complexe.

▲ *Apollon* du Pirée, bronze, 500 av. J.-C., Musée national d'Athènes.
Le jeune dieu avance, concentré et solennel. Il donne encore des signes du style décoratif archaïque, mais aussi d'une confiance croissante en soi qui va chasser la béatitude rigide. Ses bras tendus et son regard viennent encore renforcer sa dynamique.

ANALYSE DES CHEFS-D'ŒUVRE

610-480 av. J.-C.
L'énergie inébranlable de la *koré*

On désigne du terme 'koré', jeune fille, une image de femme debout, drapée, idéalement complétée par un kouros. Le plus souvent, ces statues sont presque impassibles et décorées de couleurs vives.

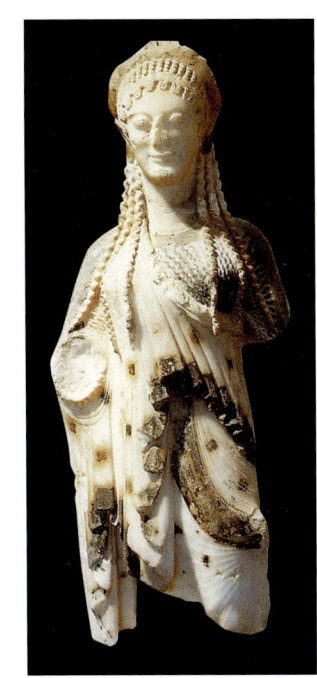

610-480 av. J.-C.

◀ *Koré*, 510 av. J.-C., Musée de l'Acropole d'Athènes.
Toute l'attention est focalisée sur des détails extérieurs, transcrits dans une calligraphie minutieuse et avec une remarquable habileté technique, soulignée encore par des couleurs vives. Une grande attention est accordée à la belle poitrine, avec des mouvements de fleurs qui semblent fortuits. Ce traitement indique que l'art évolue vers l'univers totalement humain de la 'grâce'.

◀ *'Koré avec peplum'*, 535 av. J.-C., Musée de l'Acropole d'Athènes.
Merveilleux chef-d'œuvre de l'archaïsme, qui va au-delà de l'apparente rigidité de son attitude grâce à un clair-obscur bien étudié qui permet de déterminer les formes par le biais de très douces modulations. Ces modulations rendent superflu le jeu graphique des lignes, dans de nombreuses créations de cette période. Les jambes forment un socle élégant pour le buste. Chastement raffinés, les seins apparaissent au-dessus d'une taille bien équilibrée. Le visage frais et juvénile nous présente le fameux 'sourire', couronné d'une vibration de longs cheveux bouclés.

◀ *'Koré n° 675'*, 520 av. J.-C., Musée de l'Acropole d'Athènes.
Une œuvre légère, brillante et délicieuse, haute en couleurs et raffinée qui met l'accent sur la finesse et la féminité, avec une coiffure à la mode et un sourire presque trop charmant. Nous reconnaissons dans cette œuvre – peut-être celle d'un artiste originaire de l'île de Chios – toutes les exigences canoniques d'une typologie qui a remporté un grand succès.

▶ *'Koré n° 674'*, 500 av. J.-C., Musée de l'Acropole d'Athènes. Le visage vif, dans lequel une grande attention est portée aux surfaces planes, laisse transparaître le souci de restituer des traits personnels. Le sourire archaïque semble s'éteindre dans l'expression énigmatique et introvertie d'une pensée fugace qui exprime une nouvelle conscience de son propre sort. L'époque de la tragédie vient de commencer.

ANALYSE DES CHEFS-D'ŒUVRE

610-480 av. J.-C.

Nature, art et divinité : le sanctuaire de Delphes

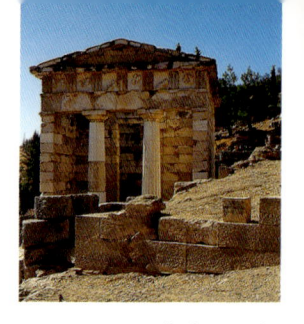

Dans cet environnement sauvage, au cœur de la montagne, au pied du Mont Parnasse, on vénère depuis les temps les plus reculés Gaia, la déesse de la terre. Son fils, le monstrueux Python, assassine les gens et les bêtes. L'un et l'autre rendent des oracles. Trois jours après sa naissance, Apollon décide de loger son oracle à Delphes. Il tue Python et crée, en souvenir, les Jeux Pythiques qui se déroulent tous les 4 ans, en alternance avec les Jeux Olympiques. À partir du 7e siècle av. J.-C., les réponses données par l'oracle revêtaient une grande importance pour la politique grecque et la création de nouvelles colonies. Les réponses à double sens – sibyllines – étaient formulées non seulement en matière politique et économique, mais aussi pour les individus. On rendait un oracle à propos de presque tous les événements importants de l'histoire grecque. Diverses guerres saintes ont tenté de s'arroger le contrôle de ce sanctuaire, qui avait acquis une importance telle qu'il concernait l'entièreté du monde grec. Après les guerres médiques – au cours desquelles l'oracle avait conseillé aux Grecs de se rendre – les consultations devinrent plus personnelles, mais les dons publics et privés continuèrent à affluer, comme en témoignent les magnifiques bâtiments et les nombreuses œuvres d'art.

▲ La 'Salle du Trésor des Athéniens', qui revêt la forme d'un temple antique (restauré), date de 490 av. J.-C. et a été financé par le butin acquis lors des victoires remportées sur les Perses.

▼ *Gigantomachie*, détail de la frise de la Salle du Trésor des Syfniens, 530-525 av. J.-C., Musée de Delphes. Bien que destructrice et dramatique, cette scène témoigne quand même du raffinement ionique du style archaïque. Elle excelle surtout dans sa tentative de restituer le mouvement dans l'espace. À l'origine, l'effet était encore renforcé par la présence à l'arrière-plan de peintures représentant des armes.

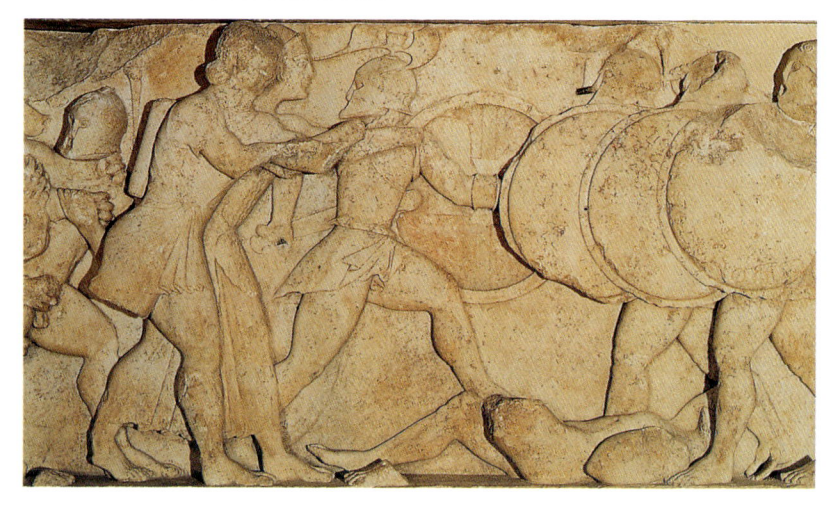

610-480 av. J.-C.

CONTEXTE ARTISTIQUE ET HISTORIQUE

◀ Le stade a probablement été bâti au 5e siècle av. J.-C., mais le complexe actuel date de la reconstruction par Hérode Atticus, au 2e siècle av. J.-C. C'est ici et dans le théâtre voisin que se déroulaient les Jeux Pythiques, surtout les épreuves d'athlétisme. On en voit les cales de départ à l'avant-plan.

▶ Le Temple d'Apollon était accessible par la Voie Sacrée. Les processions suivaient ce chemin, ce qui permettait de s'émerveiller devant les bâtiments et monuments prestigieux qui le jalonnaient et avaient été construits par toutes les villes et notables du monde grec. La pierre en ogive est l'ombilic, le point central d'où partaient d'innombrables parcours.

◀ Le théâtre et le temple d'Apollon forment un grand complexe où le temple constitue pratiquement la scène du théâtre. Dans l'*adyton* (sanctuaire inaccessible) du temple, Apollon rendait ses oracles par la bouche de l'inquiétante Pythie. Le bâtiment actuel (373 av. J.-C.) est édifié sur les fondations de celui du 6e siècle av. J.-C. Pendant les Jeux, des compétitions se déroulaient également dans le théâtre, grand ouvert sur la nature.

43

610-480 av. J.-C.

La puissance du style archaïque : Paestum

La colonie de Paestum a été créée sous le nom de Poseidonia, au 2e siècle av. J.-C. par les Sybarites. Sa situation favorable en tant que port de commerce, et son arrière-pays florissant, ont été à la base d'une croissance rapide qui se manifesta aussi dans l'ampleur prise par ses monuments. Vers 400 av. J.-C., la ville tomba aux mains des Lucaniens qui interdirent à ses habitants d'encore parler le grec. En 273 av. J.-C., Rome s'assura l'hégémonie après sa victoire sur Pyrrhus, et créa une nouvelle colonie latine : Paestum. Les constructions impressionnantes ne tardèrent pas à y surgir. Après la chute de Rome, la ville fut en proie à la malaria et la population la déserta. La ville était bâtie selon un plan 'hippodaméique' (rectangulaire). Les temples témoignent d'une façon unique de l'évolution du style dorique. Les colonnes de la Basilique montent vers leur sommet selon un plan étonnamment conique et montrent, le long de leur fût, un épaississement qui montre clairement quelle est l'énormité du poids qu'elles sont appelées à supporter. Au même titre que les moulures, le bâtiment lui-même est considéré comme un être vivant et organique. Le chapiteau répond au même concept, avec son *echinus*'(le 'coussin' qui sépare la colonne de la plaque rectangulaire de couverture) très fin et large.

▶ Temple d'Héra I, dénommé la Basilique, 550-530 av. J.-C. C'est le temple archaïque le mieux conservé (24,50 x 54,30 mètres). Il comporte neuf colonnes sur les petits côtés et dix-huit sur les longs, trois dans le pronaos et sept dans la rangée interne de colonnes, au centre de la *cella*, la salle principale. Ces colonnes étaient nécessaires pour supporter l'énorme poids du toit, mais bien peu pratiques sur le plan de l'utilisation de l'espace. Le nombre impair de colonnes à l'avant a pour conséquence qu'il y en a une dans l'axe de l'entrée. La forme de la *cella* est celle d'un *mégaron*, donc celle d'une maison : dans ce cas, la maison de la déesse dont la statue se trouve à l'extrémité de la *cella,* dans l'axe de la colonnade. Derrière se trouve l'*adyton,* qui contenait le trésor.

◀ Temple d'Athéna, dit temple de Cérès, vers 500 av. J.-C. La préférence archaïque pour la décoration a exercé une influence sur ce temple (14 x 33 m. et 6 x 13 colonnes) qui est plus svelte et plus modeste que son prédécesseur. Cela se remarque au soubassement à trois marches sur lequel il repose *(krepidoma)*. Le larmier était constitué de fleurons en bronze doré alors que les colonnes du pronaos étaient de style ionique, dans une interprétation plutôt libre.

610-480 av. J.-C.

ART ET ARCHITECTURE

▼ Les chapiteaux du temple d'Héra I présentent toutes les caractéristiques du style archaïque, jumelées ici à une liaison raffinée avec le fût. Celui-ci est sublimé par l'ajout de feuilles décorées de cosses qui assurent le lien entre la partie verticale et l'*echinus* légèrement ouvert.

▼ Temple d'Héra I, dénommé la Basilique, 550-530 av. J.-C. La réduction de la perspective que l'on perçoit à partir de la *cella* illustre le rapport dialectique qui existe entre colonnes et environnement. On perçoit à l'avant-plan un chapiteau de la *cella* écroulée.

▲ Au milieu du *temenos* (sanctuaire inaccessible), se trouve une construction souterraine profondément enfouie qui date de la 2e moitié du 6e siècle av. J.-C. et est couverte d'un toit en bâtière. Ce pourrait être un cénotaphe destiné à Is, le fondateur mythique de Sybaris.

610-480 av. J.-C.

Genre épique colonial : le temple C de Sélinonte

Sélinonte était une colonie de Megara Hyblaea, fondée vers 628 av. J.-C. Avant sa destruction par les Carthaginois en 409 av. J.-C., elle a vécu deux siècles de grande prospérité. C'est alors qu'y furent édifiés quelques-uns des plus grands sanctuaires du monde grec. Le plus ancien, le temple C (560-540 av. J.-C.), constitue un exemple remarquable des capacités des architectes locaux à s'accoutumer tant à la construction en pierres qu'aux principes esthétiques du style dorique. Ils ont mis une grande créativité à adapter ce style aux exigences expressives locales. La caractéristique principale de ce travail est la légèreté, obtenue grâce à des proportions étirées et à des colonnes peu massives éloignées les unes des autres. À l'avant-plan, une double rangée de colonnes largement espacées accroît la sensation de profondeur. La recherche d'effets plastiques renforce le contraste entre ombre et lumière, grâce à une variation des diamètres des colonnes et à la mise en avant d'éléments architectoniques. Le summum, ce sont les dix métopes qui ornent la façade et l'habillage richement coloré, à la terre cuite, du fronton et du toit. Un type de décor qui sera adopté longtemps encore dans toute la Grèce occidentale.

610-480 av. J.-C.

ART ET ARCHITECTURE

◀ Dans les carrières de Cusa, à une dizaine de kilomètres de Sélinonte, on a découvert d'énormes blocs de pierre destinés à confectionner les colonnes de l'immense temple C. Ces blocs ont un diamètre de 4 mètres et sont presque deux fois aussi hauts. Ils étaient transportés sur des traîneaux, étaient mis en place et n'étaient taillés que plus tard.

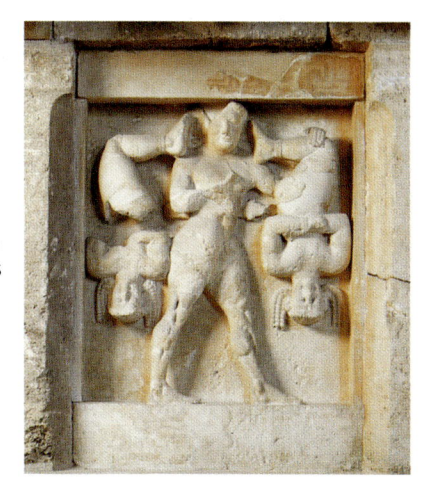

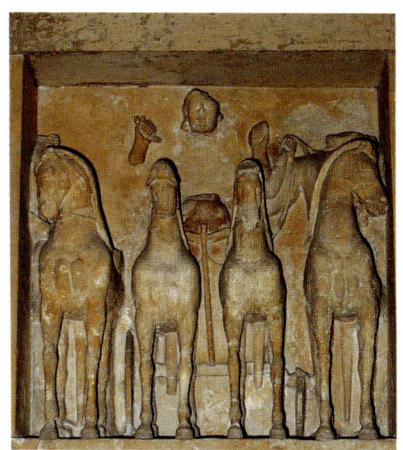

◀ *Héraclès et les Cercopes,* métope du fronton du temple C, 550 av. J.-C., Musée archéologique de Palerme.
Par opposition à la recherche de clair-obscur, ces métopes comportent un haut-relief frappant qui, à l'origine, était coloré. Les protagonistes de ce mythe burlesque sont représentés comme s'ils défilaient sur une passerelle.

◀ *Quadrige du dieu soleil,* métope du fronton du temple C, 550 av. J.-C., Musée archéologique de Palerme.
Sans aucun doute, la plus belle métope, avec ce quadrige qui sort inopinément d'un fond neutre. Plastique extrêmement puissante, avec des raccourcis hautement raffinés dans la perspective et un rythme symétrique.

◀ Le temple C était sans doute dédié à Apollon. Devant lui se trouvent quelques restes du quartier d'habitations que les Carthaginois ont édifié après avoir détruit la ville.
La rangée Sud de colonnes a été redressée dans les années 1930. Le péristyle consistait en 6 x 17 colonnes.
Le bâtiment mesurait 24 x 63 m. À l'Est du temple se trouvait un grand autel sur lequel on sacrifiait des animaux.

◀ *Persée tuant Méduse,* métope du fronton du temple C, 550 av. J.-C., Musée archéologique de Palerme. Œuvre d'un artiste manifestement moins habile, qui occupe tout l'espace avec des personnages plutôt lourds. La Gorgone est représentée alors qu'elle s'encourt et que Pégase, qu'elle tient contre elle, s'échappe de sa tête coupée. À gauche, Athéna, la déesse qui a incité Persée à commettre cet acte.

610-480 av. J.-C.

L'âge d'or de la céramique peinte

Dans la mesure où la grande peinture – que les Grecs considéraient comme l'art essentiel – a été presque complètement perdue, l'art de la peinture sur vases a acquis une signification un peu démesurée. Pourtant, et surtout en Attique aux 5e et 6e siècles av. J.-C., il existait de grands céramistes dont les œuvres donnent une idée de la grande peinture. Ils mettaient l'accent sur la sensibilité des lignes pour tenter de suggérer le volume, sur les contours, la composition harmonique et les couleurs. Lorsque l'art pictural s'est risqué à la troisième dimension – recourant à la réduction et à la perspective – la peinture sur vases, qui restait essentiellement bidimensionnelle et ne pouvait pas rendre les nuances chromatiques, est tombée irrévocablement en désuétude. La céramique archaïque se compose de deux groupes : la céramique de l'Ouest qui se caractérise par des traits gravés avant la cuisson – soulignant les détails du dessin, véritable squelette d'une composition qui se voit ainsi soutenue de l'extérieur – et celle de l'Est, avec ses contours peints, sans les possibilités dynamiques qu'offre la gravure. Dans une première période, les artistes ont opté pour des dessins noirs sur un fond clair. À partir de 530 av. J.-C., s'est répandue l'habitude de peindre des personnages rouges sur fond noir, avec le support de touches de couleur.

▼ Exékias, *Ajax et Achille jouant aux dés*, 550-540 av. J.-C., Musée du Vatican. Exékias était un des plus grands peintres et potiers, et cette amphore représentant les deux héros d'Homère est un chef-d'œuvre incontesté. Les personnages sont très occupés, ce dont témoignent leurs regards, leurs bras, leurs javelots et le mouvement de leurs jambes. Chargée d'énergie, la composition est rythmée par les boucliers, les héros et le parallélépipède central qui se détachent sur un fond clair. Comme si l'ensemble était vu de l'intérieur.

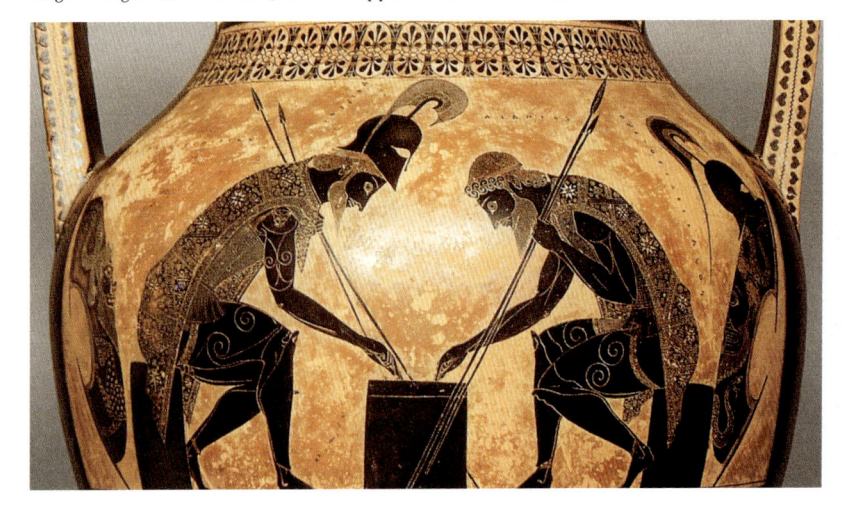

610-480 av. J.-C.

CONTEXTE ARTISTIQUE ET HISTORIQUE

▲ *Amphore avec guerrier montant à cheval*, 550 av. J.-C., Musée de la Céramique d'Athènes.
La relation entre les deux personnages et leur dynamique intrinsèque est rendue par des subtilités artistiques et des équilibres bien pensés.

◄ *Vase 'François'*, cratère attique modelé par Ergotimus et peint par Clitias, 570 av. J.-C., Musée archéologique de Florence.
Œuvre magnifique mettant en scène plus de 200 personnages dessinés, avec beaucoup de dynamisme, un grand sens du rythme et des activités débordantes.

▼ Peintre de Cléophradès, *Les funérailles de Patrocle*, cratère attique, 500-490 av. J.-C. Musée archéologique d'Agrigente.
Scène solennelle qui offre une exceptionnelle intensité dramatique. Peut-être inspirée de la tragédie 'Les Myrmidons' d'Eschyle, qui parle d'Achille, représenté ici lors d'un geste de deuil à l'égard de son ami. Une trouvaille remarquable est le combattant noir sur le bouclier : un 'double' de l'âme de Patrocle qui, dans sa nudité héroïque, précède Achille sur la voie du ciel.

49

480-450 av. J.-C.

Centauromachie, fronton Ouest du Temple de Zeus à Olympie, 465-457 av. J.-C., Musée d'Olympie.

L'art considéré comme une éthique : la période d'austérité

480-450 av. J.-C.

Aristocratie et démocratie : Sparte et Athènes

Après que le dernier tyran eut été chassé d'Athènes (510 av. J.-C.), le législateur Clisthène allait mener une série de réformes radicales qui donneraient naissance à une constitution démocratique comprenant des fonctions de courte durée, attribuées par un système d'élections et de tirages au sort (sauf le stratège, qui était élu parce qu'il devait posséder des qualités particulières). Tous les citoyens pouvaient accéder à ces fonctions, quel que fut leur niveau de richesse. Sparte, par contre, était régie par une aristocratie militaire dont les membres étaient cooptés et nommés à vie. La propriété terrienne restait un privilège de la noblesse la plus ancienne mais la période classique a ouvert la voie à d'autres formes de richesse. Le recours à l'argent a permis de balayer l'ancienne structure sociale et les valeurs traditionnelles. En 490 et 480-479 av. J.-C., les grandes villes grecques durent enterrer leurs haines et rivalités, et faire face ensemble, sous la direction d'Athènes, au péril perse qui menaçait la pérennité de leur civilisation, considérée comme un héritage fondamental. La victoire sur les Perses eut d'importantes conséquences pour Athènes qui put ainsi s'assurer l'hégémonie sur la Ligue Attico-délienne et en prendre le contrôle. Ce qui naturellement envenima ses relations avec Sparte.

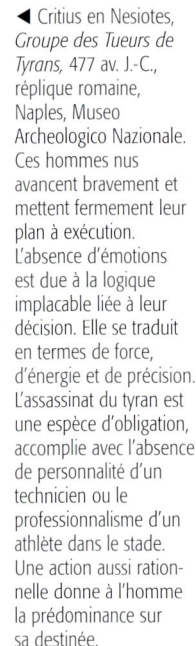

◀ Critius en Nesiotes, *Groupe des Tueurs de Tyrans*, 477 av. J.-C., réplique romaine, Naples, Museo Archeologico Nazionale. Ces hommes nus avancent bravement et mettent fermement leur plan à exécution. L'absence d'émotions est due à la logique implacable liée à leur décision. Elle se traduit en termes de force, d'énergie et de précision. L'assassinat du tyran est une espèce d'obligation, accomplie avec l'absence de personnalité d'un technicien ou le professionnalisme d'un athlète dans le stade. Une action aussi rationnelle donne à l'homme la prédominance sur sa destinée.

480-450 av. J.-C.

CONTEXTE ARTISTIQUE ET HISTORIQUE

◀ Sotades, *Aurige de bronze*, extrait du groupe votif de Polyzalos, provenant de Gela, 470 av. J.-C., Musée de Delphes.
De nombreuses sculptures de la période d'austérité revêtent une forme fermée, sans action, à caractère introspectif, riche d'énergie latente. L'aurige est renfermé dans le volume cylindrique de son long *chiton* dont les plis subtilement variés répartissent la lumière. Le personnage contrôle l'espace grâce à sa position centrale et à son port de tête.

▲ *Agora d'Athènes*, fondations du Bouleutérion, 403 av. J.-C.
Au centre de l'Agora se trouvait le lieu de réunion de la *boulè*, le conseil où 500 citoyens siégeaient, assis en lignes formant un demi-cercle.

▶ *'Poséidon'*, bronze du Cap Artémision, 460 av. J.-C., Musée national d'Athènes.
Cette œuvre met en scène la force ultime de l'homme qui se laisse exhiber en toute tranquillité, juste avant que l'action démarre. L'incertitude qui règne sur la nature de la représentation – dieu ou athlète – prouve que la distance entre homme et dieu se réduit à la seule immortalité. Cela ne paraissait pas encore une limitation tragique, dans la mesure où la culture grecque avait atteint le sommet de l'assurance.

▲ *Guerriers spartiates*, détail d'un cratère en bronze de Vix, 500 av. J.-C., Musée archéologique de Châtillon.
Superbe représentation, en style archaïque tardif, de guerriers spartiates représentés en détail, avec un sens raffiné du rythme.

480-450 av. J.-C.

Hommes et héros : la victoire sur le chaos

De nombreux mythes grecs traitent du combat des dieux ou des hommes contre des monstres, des personnes sans scrupules ou des hommes cruels. Les errances d'Héraclès ne sont qu'une suite de combats et d'épreuves apparemment insoutenables. Les événements historiques sont transfigurés : à la guerre de Troie meurent les héros mythiques devenus gênants, qui laissent la place à l'homme nouveau ; durant les guerres médiques, l'ennemi est l'incarnation du déviant, du barbare. Ces confrontations épiques – de la défaite de Cronos contre Zeus à la victoire remportée sur les hordes de Darius et Xerxès, ennemis des citoyens athéniens – ont un point commun : il y a d'une part le rationnel d'une société qui découvre la complexité et la richesse de l'homme et, d'autre part, le règne du chaos, de la barbarie, de l'obscurantisme et de l'anarchie, voués à mordre la poussière face à l'homme historique, toujours plus humain.

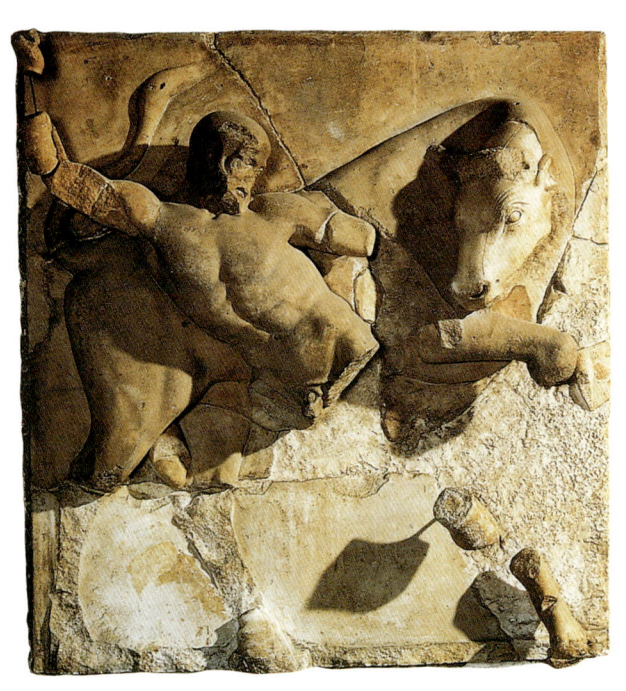

▼ *Héraclès et le taureau de Cnossos,* métope du Temple de Zeus à Olympie, 460 av. J.-C., Musée d'Olympie. Héraclès était le fondateur mythique des compétitions sportives. Il était aussi lié à des cultes très anciens et joue un rôle prédominant dans les métopes d'Olympie. Tant sur le fronton Est, dédié aux hommes qui mènent une lutte fatale sous la domination de Zeus, que sur le fronton Ouest dédié à Apollon qui, grâce au pouvoir de la simple parole, la raison, arrive à vaincre les Centaures déchaînés. La métope joue sur le contrepoint, avec le héros prêt à vaincre une fois pour toutes les forces mystérieuses de la nature personnifiées par le taureau.

▶ Peintre des Niobides, *Achille rencontre Penthésilée,* détail d'un grand cratère attique avec Combat contre les Amazones, provenant de Gela, 470 av. J.-C., Musée archéologique d'Agrigente. Scène dramatique de combat représentant la reine des Amazones mortellement touchée, au moment où elle tombe, les membres déjà amollis. Sur le col du vase, ce n'est pas par hasard que l'on a représenté la Centauromachie. La technique des personnages rouges est utilisée ici d'une manière concise et puissante alors que la complexité de la construction se fonde sur le grand art pictural de cette période.

480-450 av. J.-C.

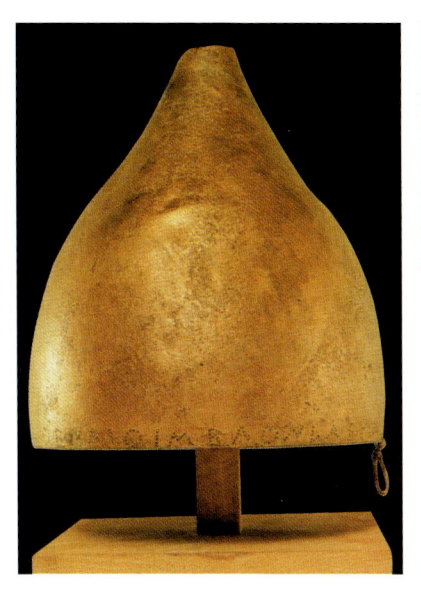

CONTEXTE ARTISTIQUE ET HISTORIQUE

◀ *Casque assyrien (?)*, bronze, 5ᵉ siècle av. J.-C., Musée d'Olympie. Cet ex-voto unique est la seule pièce qui nous reste du butin des guerres médiques, comme il ressort de l'inscription : "Les Athéniens offrent ceci à Zeus, sur le butin pris aux Mèdes."

▲ *Casque de Miltiade*, 5ᵉ siècle av. J.-C., Musée d'Olympie. L'inscription mentionne : "Miltiade a dédié ceci à Zeus." Cette découverte est donc d'une importance capitale : c'est le casque que portait le stratège athénien pendant la bataille de Marathon, au cours de laquelle il a défait l'armée de Darius Iᵉʳ (490 av. J.-C.).

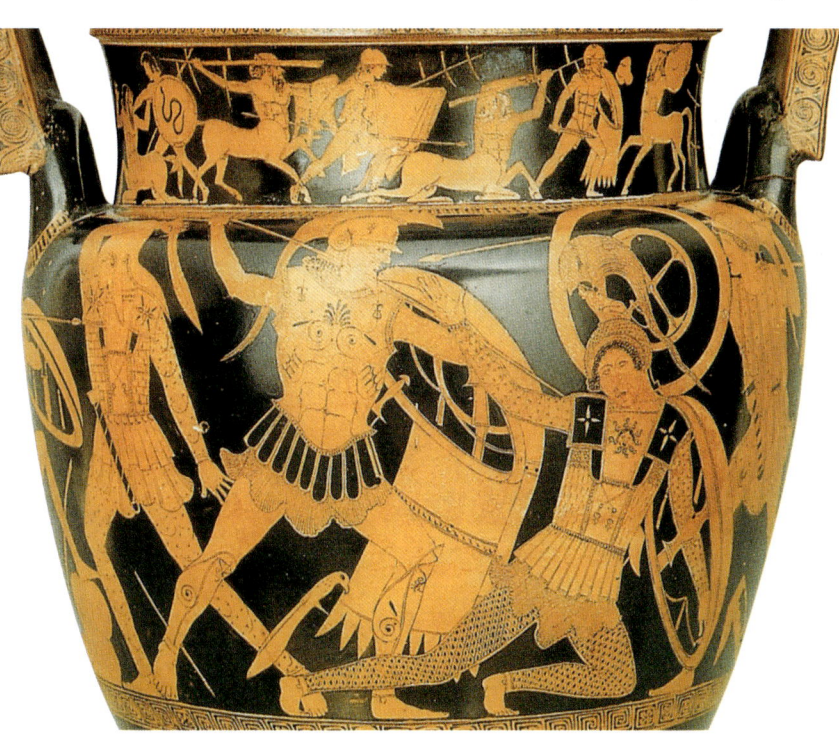

480-450 av. J.-C.

Le temple dorique comme définition de l'espace

L'architecture grecque est fondamentalement différente des architectures pompeuses et prétentieuses des royaumes mésopotamiens ou égyptiens. Ce qui compte, c'est d'obtenir un rapport équilibré entre les espaces pleins et les espaces vides, entre la verticalité et l'horizontalité, ainsi qu'une relation harmonieuse avec le paysage dans lequel le bâtiment est édifié sans en faire réellement partie, et la capacité de donner forme au sentiment sacré qu'éprouve l'homme face à la nature. L'espace est statique et absolu. Il satisfait aux règles des proportions et respecte un rapport constant tant entre ses diverses parties qu'entre les parties et le tout. À l'image du corps humain, le temple est parfait et organique. Le principe de base est que toutes les proportions – des blocs du stylobate à la pente du toit – puissent être calculées et correspondent à un concept global qui a atteint son apogée vers 460 av. J.-C. Plus tard, d'autres critères ont pris le dessus et le goût de la vitalité qui ressortait de l'entasis des colonnes et le l'echinus plat a disparu. Les architectes ont cherché de nouvelles solutions comme le recours à des éléments ioniques.

▶ Paestum, Temple de Héra II, dit de Neptune, 450 av. J.-C. L'intérieur de la *cella*, vu à partir du fronton arrière, montre à quel point le plus classique des temples de Paestum est bien conservé, mais aussi à quel point la *cella* est étroite.

▼ Le magnifique temple de Héra II (24 x 60 m. et 6 x 14 colonnes) est à la fois énorme, solennel et léger. Il présente toutes les caractéristiques de l'art dorique avec ses volumes ouverts, le passage de l'air et de la lumière qui l'intègre dans l'espace naturel, le dynamisme qui lui vient des légères modulations intégrées aux cannelures des colonnes, et ses proportions qui lui permettent de se profiler dans l'infini.

480-450 av. J.-C.

ART ET ARCHITECTURE

▼ Reconstitution de l'intérieur du temple de Zeus à Olympie, avec l'énorme statue du dieu, due à Phidias. Cette statue était considérée comme la plus grande de l'art grec. Pausanias la trouvait un peu écrasante. C'est pourquoi les architectes se sont mis en quête de nouvelles solutions spatiales.

▼ Les colonnades de la *cella* du temple de Héra II. Ce temple ressemblait à ceux d'Olympie. L'adoption d'une double galerie de colonnes permettait une répartition égale du poids du toit. Les colonnes sont plus fines que celles de l'extérieur, ce qui permet de mettre mieux en valeur la *cella* et la vision qu'on en a. Les nefs latérales ont été quelque peu sacrifiées. Si la statue était énorme, l'espace était un peu oppressant.

▲ Olympie, Temple de Zeus, 470-456 av. J.-C., Ce magnifique bâtiment contenait le chef-d'œuvre de Phidias. Il en reste peu de choses, bien qu'une grande part des vestiges soit restée sur place. Il en est ainsi de ces colonnes, brisées par un tremblement de terre.

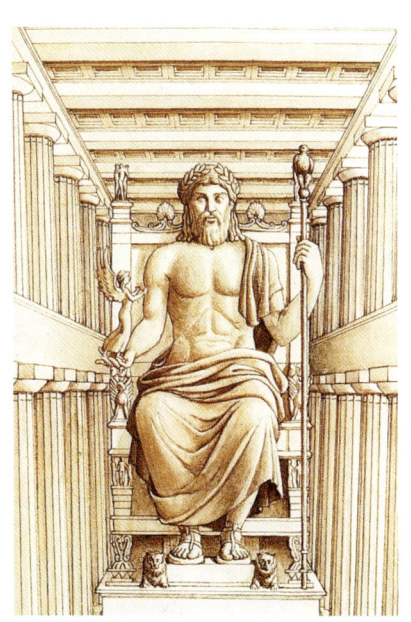

57

480-450 av. J.-C.

Action et temps intérieur : le maître d'Olympie

Les tympans du Temple de Zeus (Musée d'Olympie) figurent parmi les plus belles sculptures de tous les temps. Le fronton Ouest montre le caractère belliqueux des Centaures vaincus par Apollon. Le fronton Est est impassible : le calme avant la tempête. Ces œuvres du Maître inconnu d'Olympie datent de 467-456 av. J.-C.

◀ L'éphèbe du fronton Est semble être encore limité par des contours fermés qui se terminent à l'index qui touche le gros orteil. Raffinement ionique et plastique attique sont sublimés par les belles surfaces et l'attention portée aux effets de lumière : remarquez le drapé du manteau sur le genou gauche.

▼ Comme dans une tragédie, les acteurs sont en scène sur le fronton Est. Ils méditent le sort qui les attend. Au centre trône Zeus, bien à l'écart des participants à la course mortelle des quadriges : Oenomaos et, à droite, Pélops qui gagnera grâce à la trahison de l'aurige d'Oenomaos, Myrtile, à qui Pélops a promis une nuit avec Hippodamie, sa fiancée. L'arrêt du temps et la conscience que leur vie sera bientôt en péril ressortent de la succession des visages sur lesquels se lit une angoisse indicible et le sentiment que leur sort est inéluctable.

480-450 av. J.-C.

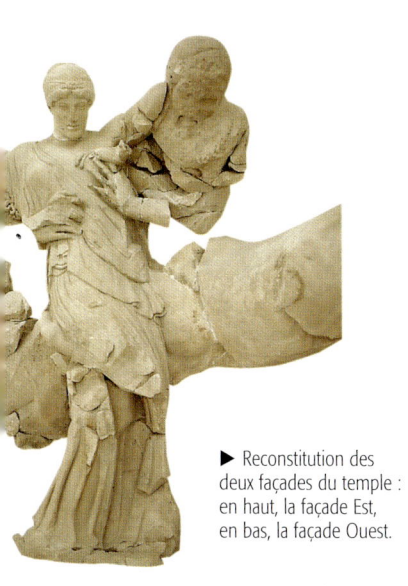

ANALYSE DES CHEFS-D'ŒUVRE

▶ Reconstitution des deux façades du temple : en haut, la façade Est, en bas, la façade Ouest.

▲ *Le Centaure et un Lapithe,* fronton Ouest, Musée d'Olympie.
Le deuxième fronton, à l'arrière, est très confus : il illustre la lutte dynamique entre les Lapithes et les Centaures. Les personnages crient, soupirent et supplient tandis qu'ils se frappent, qu'ils se mordent, qu'ils se déchirent et se font souffrir. Les monstrueux Centaures, qui symbolisent les pulsions animales incontrôlables, s'attaquent aux femmes. Ils sont arrêtés par Apollon, la raison capable de vaincre l'instinct.

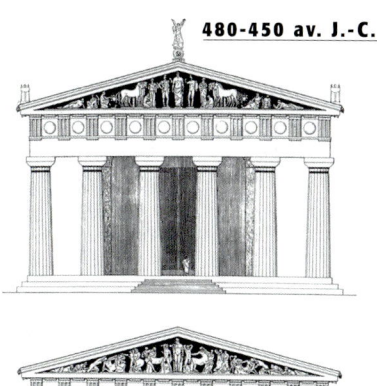

▶ *Métope représentant Héraclès et le Lion de Némée,* Musée d'Olympie.
La seule et très intense image du héros, en pleine méditation face au corps du lion qu'il a tué. Dans ce cas, la réflexion sur les suites de son acte a pris la place de l'action.

▼ Image stupéfiante du vieux devin qui, en tant que seul personnage humain du fronton Est, est conscient de la tournure que prend la lutte. Son corps est rendu d'une manière remarquablement naturaliste, mais son visage est peut-être celui du sage qui assiste à la lutte obscure des passions.

480-450 av. J.-C.

Le temps : éternel aujourd'hui et culte du moment présent

Le thème le plus complexe sur lequel les sculpteurs se sont focalisés est le développement des images dans l'espace. Ils ont tenté de le garder sous contrôle par une évaluation précise de toutes les parties du corps. Myron, un des plus grands sculpteurs de cette époque (470-440 av. J.-C.) a exprimé dans le Discobole une des solutions les plus admirées et les plus imitées.

◀ Myron, *Discobole*, 460-450 av. J.-C., réplique romaine 'Lancelotti', Rome, Museo Nazionale Romano.
La capacité de reconstituer le mouvement en vue de maîtriser l'espace grâce à la connaissance et à une conscience aigue du corps humain est le grand acquis des maîtres de l'antiquité. Il semble ici que l'on ait fixé l'instantané, juste avant le mouvement, dans une œuvre hautement tridimensionnelle. La sculpture conserve ses qualités, quel que soit l'angle sous lequel on la regarde.
L'athlète prend appui sur sa jambe droite et crée ainsi une courbure alors que son bras gauche se trouve à son point le plus élevé, prêt à partir comme une flèche.

480-450 av. J.-C.

◀ Les lignes de force du *Discobole* sont comparables à une spirale, en interaction constante entre charge et décharge. Il est manifeste que l'étude préalable et l'exécution de cette œuvre ont demandé de nombreux efforts ainsi qu'une connaissance approfondie de l'anatomie et du mouvement. Les efforts extrêmes en termes techniques auraient pu nuire à la puissance de l'image, alors qu'il s'agissait de communiquer des valeurs spirituelles complexes et claires, ce que le Maître d'Olympie a parfaitement réussi. Il semble qu'on se soit limité ici à une reproduction mécanique des éléments observables.

ANALYSE DES CHEFS-D'ŒUVRE

▼ *Le Trône Ludovisi*, 460-450 av. J.-C., Rome, Museo Nazionale Romano.
Cette œuvre présente une déesse qui sort de la mer ou prend un bain rituel. Les personnages de l'avant-plan sont presque plats. Leur élégance linéaire entoure le bain qui exprime la jeunesse éternelle, une constante re-naissance. Les personnages des côtés pourraient être des esclaves. Certains chercheurs pensent que cette œuvre serait un faux datant du 19e siècle. Cela se remarquerait à certains détails comme les galets trop réalistes, les seins trop écartés du personnage central, la jambe gauche grossièrement raccourcie de la joueuse de flûte et une banalité générale.

480-450 av. J.-C.

La richesse de l'univers des colonies

La colonisation grecque a été un phénomène impressionnant qui n'a été possible que grâce aux liens commerciaux étroits qui ont été tissés avec tout le bassin méditerranéen, à l'époque minoenne déjà, mais surtout à la période mycénienne. Au cours de la première décennie du 8e siècle av. J.-C., les visites fréquentes aux côtes du Sud de l'Italie et de la Sicile se sont transformées en fondation de comptoirs fixes – les colonies – qui entretenaient des relations très étroites avec la Cité mère tout en conservant leur indépendance sur les plans économique et politique. Deux éléments ont sans doute été à l'origine de leur existence : la croissance de la population dans les Cités grecques qui ne pouvaient pas y faire face sans perturber leur équilibre économique et politique, et le dynamisme colonisateur de la Phénicie qui menaçait les intérêts commerciaux de la Grèce. Malgré des relations parfois tendues avec la population indigène, les colonies ont vite connu une belle floraison qui s'est traduite par la construction de monuments impressionnants. Les temples revêtaient souvent des proportions et des formes conventionnelles qui servaient plus à mettre en évidence la puissance et la richesse de la Cité qu'à défendre les valeurs fondamentales de l'architecture grecque.

▶ *Télamon*, 'Olympeion', Agrigente, 480-460 av. J.-C. Les énormes télamons mesurent près de 8 m. de haut et décoraient la partie supérieure des murs qui, dans ce cas précis, ferment l'ouverture entre les colonnes. Ce n'est qu'une des particularités de ce gigantesque temple, construit grâce au butin de la grande victoire d'Himère, sur les Carthaginois. Ses impressionnantes dimensions (113 x 56 m. et une hauteur de plus de 30 m. à certains endroits) en fait un des plus grands temples jamais construits.

▼ *Sélinonte, Temple E*, 470-450 av. J.-C. Reconstitué dans les années 1950, c'est un excellent exemple de l'apogée du style dorique en Sicile grecque. Le *pronaos* était décoré de magnifiques métopes qui font partie des plus belles œuvres coloniales de la période transitoire avant la période classique.

480-450 av. J.-C.

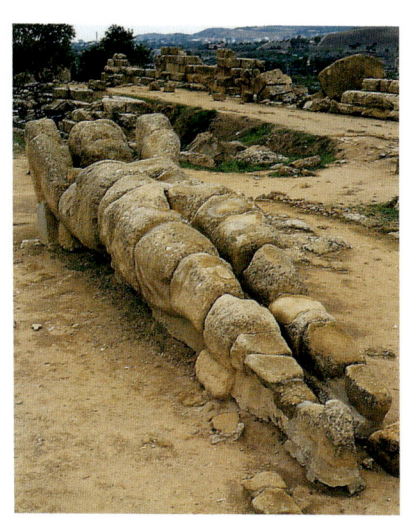

ART ET ARCHITECTURE

▲ *Artémis et Actéon*, métope du Temple E de Sélinonte, 460 av. J.-C., Musée archéologique de Palerme.
Exemple frappant de la période transitoire, passage du style austère au style classique. À remarquer, l'expression de tragédie inévitable que vit l'homme, et la sauvagerie des chiens.

▲ Sélinonte, Temple G, 530-409 av. J.-C.
Ce temple n'était pas même terminé lorsque la ville a été détruite par les Carthaginois. C'est un des plus impressionnants du monde grec (113 x 54 m.). Certains chapiteaux ont un diamètre de 4 m. Cette immense ruine est le témoignage le plus imposant de l'ambition de l'architecture dans de nombreuses colonies.

▶ *Bord de toit en forme de protomé de lion*, provenant du temple de Nikè à Himère, 470 av. J.-C., Musée archéologique de Palerme.
L'exubérance orientalisante des métopes archaïques est traduite ici dans une forme compacte et stylée, à la fois dominée sous l'angle plastique et extrêmement expressive.

480-450 av. J.-C.

Le mystère de l'au-delà dans la tombe du plongeur à Paestum

En 1968, la découverte unique de cette tombe entièrement décorée de peintures a mis en lumière un exemple authentique de l'art grec de la fresque peinte. Cette grande œuvre datant de 480-470 av. J.-C. a été parfaitement conservée et se trouve exposée dans le musée local. La plaque illustrée par le plongeur couvrait le sarcophage alors que les parois latérales représentent un agréable banquet de funérailles.

◄ Le corps du jeune homme est dessiné de main de maître à l'aide d'une simple ligne fine qui exprime une énergie maîtrisée, et est suspendue dans un espace intemporel. Le profil du visage est aigu et clair, son œil est vivace et attentif, prêt à affronter l'inconnu.

▼ Sur un fond absolument vide, le jeune homme a clairement sauté de la construction dessinée à droite (peut-être un plongeoir) vers la surface de l'eau dont la ligne courbe évoque l'horizon. L'interprétation la plus probable de cette peinture est que le voyage de l'âme vers l'au-delà est assimilée à une plongée dans l'inconnu. Cette image unique est une des méditations les plus efficaces et les plus lyriques des Grecs sur le mystère de l'au-delà.

480-450 av. J.-C.

▶ L'art pictural grec semble, dans ces visages, devenir presque l'œuvre d'un portraitiste. Les traits du convive qui se tourne vers le couple sont pleins de perspicacité psychologique dans le rendu de la surprise et de la jalousie qu'il manifeste à l'égard de l'ami qui enlace l'éphèbe porteur de cithare.

▶ Plein d'intensité, ce portrait double jette une lumière inespérée sur les objectifs de l'art pictural grec. Il exprime des sentiments observés avec une complicité pleine de ruse.
Le visage de l'homme mûr est extraordinaire dans sa simplicité, avec son regard avide et langoureux et sa bouche sensuellement entrouverte. Il essaie de séduire le jeune homme qui, quant à lui, fait comme s'il s'y opposait.

▼ Comme pendant une beuverie, les hôtes sont mollement couchés, prêts à goûter le vin que les serveurs verseront dans les *kylikès* (coupes) posées sur la table et à écouter la musique, à échanger des idées sur divers sujets, et à se livrer à des jeux d'adresse et à des escarmouches érotiques. Un jeu typique était le *kottabos* qui consistait à viser la coupe d'un voisin avec un reste de vin contenu dans sa propre coupe.
Comme toujours dans l'art grec, le rythme et l'ordre laissent respirer la composition, avec une succession de surfaces vides et pleines.

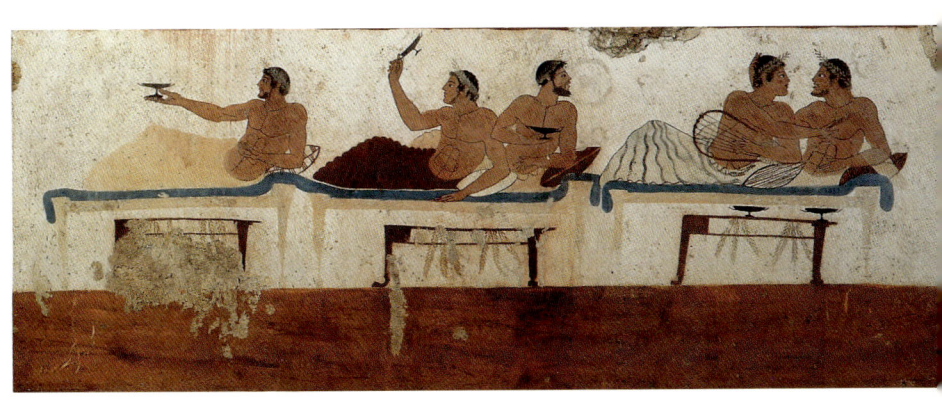

ANALYSE DES CHEFS-D'ŒUVRE

480-450 av. J.-C.

Corps et esprit : tout ce qui est humain est beau

Le panthéon grec est fondamentalement différent des mondes divins des civilisations orientales, contemporaines et antérieures. Les dieux jouissent, souffrent, aiment, trompent et éprouvent de grands et de petits sentiments. Ils agissent en tout comme des hommes. La frontière qui sépare les deux mondes est tellement vague qu'il existe entre dieux et humains d'innombrables relations amoureuses. Cette culture qui comporte un panthéon à l'image et à la ressemblance de l'homme, accorde au culte de la beauté physique une place toute particulière. Libérée du caractère austère de l'archaïsme, la vie triomphe dans une quantité infinie d'expressions. Ceci requiert de nouvelles solutions qui correspondent à la complexité accrue de la pensée, des actes et des sentiments. Au cours de la première décennie du 5e siècle av. J.-C., l'homme nu reçoit une nouvelle signification, signe d'une révolution morale et intellectuelle.

Les artistes sont des contemporains de Pindare et d'Eschyle, les grands rénovateurs de la conscience grecque, et leurs recherches se situent au niveau du sentiment religieux. Le fossé entre l'homme qui a vaincu les barbares, et les dieux qui ont vaincu les forces obscures du chaos se mue progressivement en une seule différence, insurmontable celle-là : l'immortalité.

◀ *Éphèbe blond,* tête de marbre, 480 av. J.-C., Musée de l'Acropole d'Athènes.
Ce jeune homme doit son nom à sa couleur de cheveux actuellement presque disparue.
Il ressemble à l'éphèbe de Critios de la même période, mais en diffère par son expression mélancolique. Rendus avec un naturalisme stylé, les cheveux retombants mettent une ombre sur le visage pensif. Ce jeune homme, portrait idéalisé de la génération qui a gagné à Salamine, est surpris dans sa réflexion : ses proportions parfaites et la beauté du matériau ne peuvent pas dissimuler la naissance de la conscience.

480-450 av. J.-C.

◀ Le stade d'Olympie, début du 5e siècle av. J.-C.
Le stade consistait en un simple terrain non dallé, directement relié au sanctuaire. Les jeux avaient toujours un caractère purement religieux. Au bord de la plaine, on peut voir la ligne d'où démarraient les athlètes.

◀ *Zeus enlevant Ganymède,* terre cuite du toit d'un temple, 480-470 av. J.-C., Musée d'Olympie. Image séduisante de l'amour du dieu suprême pour le plus beau des mortels qui se résigne à céder au désir sensuel du dieu. En compensation, il reçoit la jeunesse éternelle et le privilège de devenir l'échanson des dieux. Il est intéressant de comparer cette œuvre à la tombe du plongeur qui date de la même période.

▼ *Jeune vainqueur saluant,* provenant du Cap Sounion, 460 av. J.-C., Musée national d'Athènes. Après sa victoire lors de la compétition, le jeune homme salue avec reconnaissance la divinité. La plastique de ce beau corps, hardiment représenté en trois-quarts, est mise en valeur par la lumière.

CONTEXTE ARTISTIQUE ET HISTORIQUE

450-323 av. J.-C

Cavaliers athéniens, frise Ouest du Parthénon, 447-432 av. J.-C., British Museum de Londres.

L'humanisation du cosmos : la période classique

450-323 av. J.-C.

Le triomphe d'Athènes : l'époque de Périclès

Athènes, principale triomphatrice des guerres médiques, fut d'abord régie par l'aristocratie que soutenait le conservateur Cimon. Après une longue lutte, Périclès, se reposant sur l'héritage de Thémistocle, transforma le régime athénien en une démocratie radicale qui prônait des droits politiques réellement égaux. En politique étrangère, il allait faire de la ligue délique, reliquat de la lutte contre les Perses, un instrument de l'impérialisme athénien qui dictait ses volontés à l'alliance, par la force si nécessaire. Au cours de ses trente années d'hégémonie (461-429 av. J.-C.), Athènes allait connaître sa plus belle efflorescence. Des bâtiments impressionnants sont édifiés dans le port du Pirée, sur l'acropole et l'agora ; la tragédie atteint son point culminant avec Sophocle et Euripide ; la philosophie avec Socrate, Anaxagore et Protagoras qui font de la raison le centre du monde ; l'historiographie avec Hérodote et Thucydide. Cette hégémonie athénienne irrite Sparte, où le pouvoir est encore aux mains de l'aristocratie : ce sera l'origine de la désastreuse guerre du Péloponnèse.

▲ Crésilas (?), *Amazone blessée*, 440-430 av. J.-C., réplique romaine, Rome, Museo dei Conservatori. Cette image mélancolique, œuvre d'un des tout grands maîtres de la période classique, illustre sur un mode d'une intense tranquillité le concept de la fugacité du monde.

◄ Lécythe (flacon à huile) avec scène d'enterrement, dans le style de Parrhasios, 430 av. J.-C., Musée national d'Athènes. Parrhasios était le plus grand peintre de son époque. Il était en relation étroite avec les cercles qui entouraient Phidias. Il a posé les bases du *pathos* dramatique cher à Scopas. Selon Pline qui cite des idées du temps de Parrhasios, "il a atteint la perfection dans le contour des corps, et avait l'art de d'enfermer les surfaces réduites là où finit le corps". Ceci est clairement une allusion à la position dominante de la troisième dimension dans l'art pictural.

450-323 av. J.-C.

◄ **L'Acropole d'Athènes.** C'est sur les grandioses fondations des murailles mycéniennes que sont édifiés les grands monuments de l'époque de Périclès et de celle qui a suivi : le Parthénon, les Propylées, le temple d'Athéna et l'Érechthéion.

◄ *Combattant 'A',* bronze, 450-440 av. J.-C., Musée archéologique de Reggio de Calabria. Les fameux 'bronzes de Riace' ont été découverts dans une épave romaine, près de Riace, et figurent parmi les découvertes les plus importantes de l'archéologique moderne. Ils permettent d'étudier des originaux grecs de très belle facture au lieu des copies romaines usuelles. Le motif central de l'art au milieu du 5e siècle av. J.-C. est celui du sujet debout, traité de façon très précise, qui revêt une dimension à la fois humaine et divine et reflète ainsi l'assurance croissante des Grecs.

◄ **Crésilas (?), *portrait de Périclès,*** 440 av. J.-C., réplique romaine, Musée du Vatican. Plutôt que le portrait physionomique de Périclès, cette œuvre, qui représentait au départ un corps entier, nous fait découvrir le sens politique et la morale du stratège.

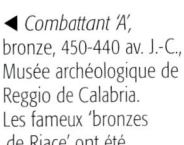

▼ *Aurige,* 5e siècle av. J.-C., détail, réplique romaine, Rome, Museo dei Conservatori. Un autre bel exemple, selon un original en bronze, du passage de la sobriété sublime d'un style fort, à la noblesse intrinsèque du style classique. L'élément dominant est la concentration, et l'attention portée à un élément qui n'est plus la découverte merveilleuse du divin dans le monde (comme dans l'archaïsme), mais n'est pas encore la liberté du mouvement humain chère à Phidias.

CONTEXTE ARTISTIQUE ET HISTORIQUE

450-323 av. J.-C.

Le mythe grec : l'Acropole d'Athènes

La destruction de l'acropole par les Perses avait mis un terme à la construction d'un grand temple, l'Hékatompedon. Il semble que ce soit Callicratès qui ait, vers 468 av. J.-C. entamé pour Cimon un nouveau bâtiment dont Périclès aurait stoppé la construction. Grâce à l'arrivée à Athènes du trésor de la ligue attico-délique, Périclès a pu procéder à la réalisation d'un considérable travail de construction, apogée d'une vision bien précise de l'art et de son rapport avec le sacré. C'est ainsi que des années d'expérience ont été rassemblées dans un bâtiment hors du commun, le Parthénon. Celui-ci, avec sa complexité et son raffinement extrêmes, a constitué à la fois une volte-face et un nouveau point de départ. Il a eu pour architecte Ictinos, peut-être influencé par Callicratès. Périclès lui-même a suivi de près le chantier. Pourtant, le tracé particulier du temple, qui semble être spécialement construit pour abriter et mettre en évidence un grand nombre de statues venues de la Grèce entière, démontre que le principal maître d'œuvre du Parthénon était Phidias, l'un des plus grands sculpteurs de l'époque. Comparé au temple de Zeus à Olympie, le Parthénon est plus émancipé, plus équilibré mais axé sur les aspects décoratifs qui caractérisent la nouvelle conception de la sculpture, mieux intégré dans son environnement, mieux adapté à son rôle politique, social et humain. Selon Plutarque, cette construction avait "un esprit et une âme qui, sans aucune affectation, le rajeunissaient, de telle sorte qu'il soit prémuni pour ses vieux jours."

▲ Vue en coupe du Parthénon : il est clair que l'on a cherché à créer un espace intérieur moins confiné qu'à Olympie de telle sorte que l'image liée au culte soit mise en valeur sans remplir trop la cella. Ictinos a réussi cette gageure en renonçant à la sévérité du style dorique, avec ses rapports précis entre la cella et la colonnade, et en adoptant des éléments ioniques : le concept architectonique, le reflet d'une vision du monde sont tombés en désuétude. Les contraintes pratiques ont pris la place de la règle parfaite, mais trop abstraite.

◀ Le Parthénon vu du Sud-Ouest. La construction a duré de 447 à 438 av. J.-C., lorsque la sculpture de Phidias a été mise en place. Les travaux étaient terminés en 432 av. J.-C. Le nombre élevé de colonnes (8 x17), inusité pour la période classique, a pour origine la nécessité de récupérer les colonnes étroites du temple antérieur. Il en résulte un rythme très serré.

450-323 av. J.-C.

ART ET ARCHITECTURE

◀ *Copie réduite de la statue d'Athéna* par Phidias, au Parthénon. Cette réplique romaine de qualité moyenne permet d'imaginer comment était l'œuvre maîtresse de Phidias : haute de 12 mètres, elle était revêtue d'ivoire et d'or, sur un cœur de bois. La tranquillité formelle et solennelle et le sens du détail sont révélateurs du style du maître.

▲ Au contraire des temples plus anciens, le Parthénon présente huit colonnes à l'avant. Sans doute parce que Phidias voulait une plus grande *cella* pour donner davantage d'espace à sa sculpture. Le fronton et les métopes ont été réalisés par Phidias et ses collaborateurs ainsi que la frise ininterrompue qui entoure la *cella*. Le temple est entièrement construit en marbre du Pentélique.

▼ L'accès à l'Acropole avec, à droite, les Propylées, œuvre de Mnésiclès (437-432 av. J.-C.). L'ambitieux projet d'origine de Périclès n'a jamais été terminé, mais le travail tel qu'il est a coûté une fortune. À droite, le petit temple d'Athéna Nikè de 425 av. J.-C., un bâtiment ionique très fin qui présente des bas-reliefs raffinés.

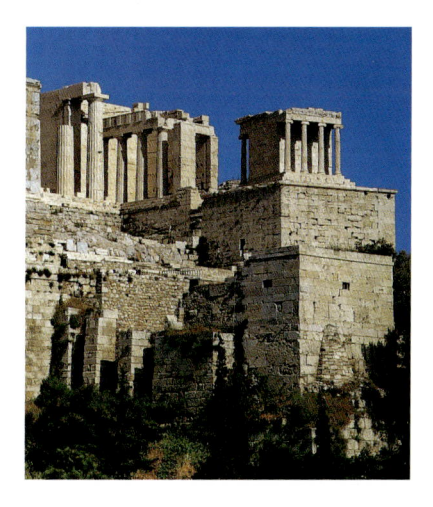

73

450-323 av. J.-C.

Phidias ou l'humanisation du divin

ANALYSE DES CHEFS-D'ŒUVRE

Phidias a hérité du style austère et a redécouvert la signification morale de l'image des dieux et la langue symbolique de la mythologie. Le fronton Est du Parthénon montre la naissance d'Athéna issue de la tête de Zeus, un événement d'ordre cosmique qui se trouve achevé dans le fronton Ouest où la jeune déesse vainc le vieux Poséidon, ce qui symbolise la victoire de la ville et de sa classe politique (British Museum de Londres).

▶ *Céphise.*
Voilà des personnages impressionnants, extrêmement humains, à la limite entre l'humain et le divin, qui se meuvent avec aisance et adoptent librement une attitude naturelle, loin de la rhétorique du style austère.

▼ La tête de cheval très vivante du quadrige de Séléné figurait sur le fronton droit. C'est le quadrige de la lune, qui disparaît au lever du soleil, symbole d'un mouvement cyclique qui sous-tend la diversité constante du monde.

La position frontale des personnages – qui a atteint à Olympie le sommet son expression – est remplacée par un nouveau rythme dynamique et ondoyant : les groupes et les personnages isolés sont naturellement dominés par le jeu des lumières sur les surfaces. C'est le rythme de la nature et de l'histoire qui actualise le mythe, le rend vivant et humain, riche de sentiments.

450-323 av. J.-C.

▼ *Dionysos, Déméter et Korè.* De la surface des grands nus masculins, la lumière passe sans transition aux femmes vêtues de leurs étoffes, de sorte que le mythe et la nature se situent à un même niveau.

▼ *Déméter, Korè et Iris.* Contrairement au Maître d'Olympie, Phidias ne sépare pas ses personnages les uns des autres dans des gestuelles ou des attitudes diverses. Il crée au contraire un rythme ininterrompu qui crée un lien entre l'humanisation et l'ordre naturel des choses. Les protagonistes du mythe deviennent résolument humains, avec une telle beauté physique qu'ils sont à proprement parler des dieux humains bien qu'ils restent réels et naturels.

▲ *Groupe Dione/Aphrodite.* Dans ce grandiose groupe de statues, il semble que la vision sensuelle de Phidias ressorte du rapport exceptionnel qui lie les personnages. Chacun a tissé son propre lien avec le monde et avec le personnage voisin. Dans l'ordre cosmique, on découvre à cette époque le caractère unique de chacun des individus.

ANALYSE DES CHEFS-D'ŒUVRE

450-323 av. J.-C.
L'Olympe accessible

▼ *Détail de la frise des cavaliers (frise Nord).* Sans vouloir dénigrer la valeur de nombreux collaborateurs, souvent du meilleur niveau, on découvre dans chaque détail l'intervention du concepteur de la frise, Phidias. Il est clair qu'il a suivi le projet de bout en bout. Le rythme extrêmement libre mais néanmoins bien maîtrisé qui domine l'ensemble de la composition est d'une dynamique étonnante, en certains endroits. Le bas-relief est remarquablement réaliste.

Les sculpteurs des bas-reliefs du Parthénon (British Museum de Londres) ont commencé par 92 métopes et ont poursuivi avec la frise de 162 mètres, sur le mur de la *cella*. Cette frise représente la procession des grandes fêtes panathéniennes qui, tous les quatre ans, donnaient aux Athéniens la possibilité d'honorer leur déesse, Athéna.

▼ *Détail de la frise des dieux (frise Est).* Les dieux sont assis. Ils boivent et conversent amicalement, sur un mode très naturel, très humain. Rien ne les distingue des Athéniens sauf, s'ils se tenaient debout, leur plus haute stature.

450-323 av. J.-C.

ANALYSE DES CHEFS-D'ŒUVRE

◄ *Détail de la frise des cavaliers (frise Nord).* Le cortège des cavaliers offre de nouvelles possibilités créatives qui s'expriment dans les pieds en mouvement des chevaux et dans l'attitude des jeunes cavaliers. Voilà un hymne au cheval et à la beauté des jeunes hommes. Du rythme des successions naît une grande harmonie.

► *Détail de la frise des cavaliers (frise Nord).* Le conscience de la réalité se traduit ici dans le style typique de Phidias. Aucune monotonie n'est à craindre : diversité des profondeurs de champ, diversité des attitudes ou, dans le cas présent, un accent particulier dû à la petitesse d'un des personnages.

▼ *Métope Sud avec Centaure et Lapithe.* Le style archaïque et le traitement schématique de l'espace sont loin du nouveau concept artistique introduit par Phidias. Certains signes donnent à penser que beaucoup de ces métopes ont été réalisés pour le temple de Cimon et ont été réutilisés dans celui de Périclès qui refusait de partager la renommée des monuments de l'Acropole. Les métopes représentent la lutte contre les forces de l'ombre, éclipsée par l'âge d'or actuel que symbolise le cortège des jeunes Athéniens.

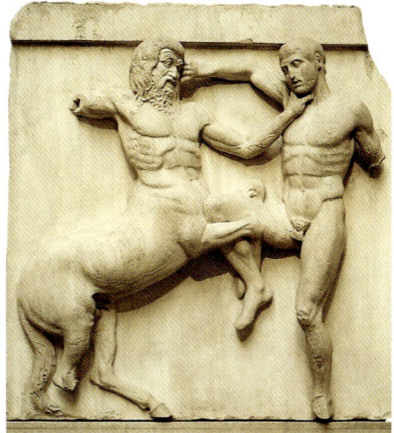

450-323 av. J.-C.

L'époque classique des temples doriques

La réputation des réalisations de Périclès s'étant étendue à tout le monde grec, les architectes et sculpteurs attiques étaient sollicités de partout. C'est ainsi que sont nés, au milieu du siècle, les plus beaux exemples du style dorique. Ils sont souvent parfaits, mais font toutefois preuve d'un appauvrissement de la créativité, d'une fixation des normes et donc d'une cristallisation des règles académiques. La pureté de la forme donne lieu à la disparition presque totale des décors : on assiste plutôt à une réplique des formes massives et un peu lourdes du temple de Zeus à Olympie, que de celles du Parthénon, inimitable avec ses solutions formelles riches et son interprétation libre du style dorique. Il n'est pas surprenant que ce soit le même Ictinos, l'architecte du Parthénon, qui, avec le temple de Bassæ, a repoussé encore un peu plus loin les frontières conceptuelles du principal ordre architectural grec. La forme 'fermée' du temple classique laissera bientôt la place à des solutions plus élaborées.

▼ Cap Sounion, temple de Poséidon, 442-438 av. J.-C. La situation spectaculaire de ce temple particulièrement réussi offre une vue imprenable sur la mer et le rend visible à des dizaines de kilomètres. Il aurait été conçu par Callicratès.

450-323 av. J.-C.

◄ Paestum, Temple d'Héra II, colonnades de la *cella,* 450 av. J.-C. Cette construction puissante et équilibrée est inspirée du temple de Zeus à Olympie. Elle se montre plus austère encore, dans son souci 'puriste' d'éliminer tout élément décoratif. Tout comme chez son modèle, les nefs latérales se limitent à des couloirs, et les volumes sont extrêmement lourds. La solution à ce problème n'a été trouvée qu'avec le Parthénon.

◄ Ségeste, temple dorique, 420 av. J.-C. Ce temple inachevé (la *cella* n'a jamais été construite) s'intègre joliment dans le paysage et est devenu une espèce de symbole de la géométrie dans l'espace de l'architecture grecque. Il s'agit presque, en réalité, d'un travail en série, quelle que soit sa beauté.

◄ Agrigente, Temple de la Concorde, 440-430 av. J.-C. Remarquablement conservé, ce temple présente des proportions plus élégantes et plus légères que les autres temples siciliens de cette époque. Il donne l'impression de surgir spontanément de son contrefort de montagne. Il représente ainsi une personnification du concept de l'ordre naturel tel qu'il est perçu par l'intelligence humaine.

► Athènes, agora, Temple d'Héphaïstos, 448-442 av. J.-C., attribué à Callicratès. Son plan de base et ses proportions sont en accord avec les normes, mais la *cella* qui devrait normalement se présenter comme une colonnade classique a été adaptée en cours de construction. Les colonnes ont été déplacées vers les murs, de sorte que les nefs latérales ont pratiquement disparu et que l'accent a plutôt été mis sur l'espace central.

ART ET ARCHITECTURE

450-323 av. J.-C.

Libres dans l'espace : Polyclète et Polygnote

C'est dans l'œuvre de Polyclète que l'adage de Protagoras – "l'homme est la mesure de toutes choses" – trouve sa meilleure expression plastique. Il est l'aboutissement d'un développement qui a commencé avec l'archaïsme, et a vu dans l'être humain l'expression de l'harmonie universelle. Les bronzes d'origine ne nous sont connus qu'au travers de copies romaines qui ne sont pas de même facture que l'original mais donnent néanmoins une idée de la qualité du concept.

◄ Polyclète, *'Le Doryphore'*, 440 av. J.-C., réplique romaine, Naples, Museo Archeologico Nazionale. Il s'agit sans doute de l'œuvre la plus classique de l'art grec. Libres et harmonieux, les membres s'équilibrent mutuellement et sont unis dans leurs mouvements. La progression du personnage dans l'espace est d'une perfection absolue. Le port de tête témoigne de l'action des muscles, et le contrôle. Polyclète résout la question du rendu statique d'un mouvement en fixant un moment passager dans une expression d'éternité. Il est probable que cette œuvre qui fait état de toutes les qualités de l'homme grec représente Achille.

▶ Polyclète, *'Diadumène'*, 440 av. J.-C., réplique romaine, Musée national d'Athènes. Vingt ans après le Doryphore, il semble que le contact avec les merveilles de l'art attique de Phidias et l'évolution de la situation politique (suite à la guerre du Péloponnèse) aient ébranlé les solides convictions de Polyclète. L'athlète part résolument vers l'avant, mais il est représenté au moment où il se noue un bandeau sur la tête, symbole de victoire. L'équilibre est parfait mais il n'exprime pas une force invincible, et la tête est penchée. Malgré sa victoire, ce jeune homme n'est pas maître de son destin. Il est beau comme un dieu, mais il est toujours mortel et semble se poser des questions sur le sens de ce qu'il a réalisé.

450-323 av. J.-C.

◀ *Le mythe de Persée et d'Andromède, cratère en forme de calice*, détail, 440-430 av. J.-C., Musée archéologique d'Agrigente.
Les grandes fresques de Polygnote, le plus grand peintre de la période classique, ont toutes été perdues mais ont trouvé un écho dans l'œuvre de la plupart des potiers. Il brillait dans le rendu des sentiments, comme dans cette représentation 'romantique' de Thésée, sur le point de délivrer Ariane. Le mythe du héros classique est déjà humanisé.

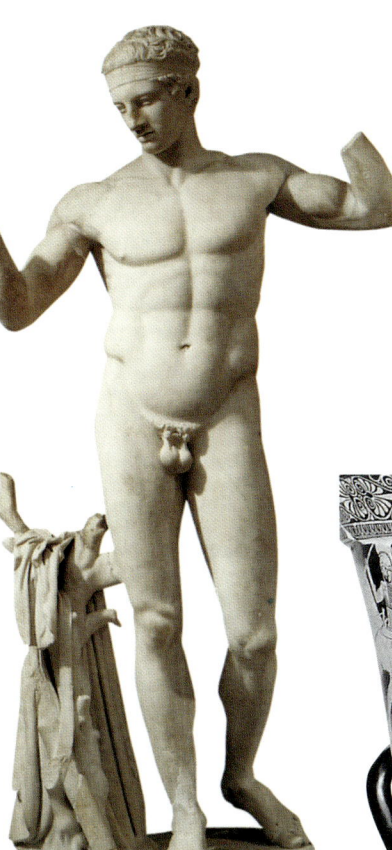

ANALYSE DES CHEFS-D'ŒUVRE

▼ Polygnote le Potier, *Cratère avec Gigantomachie*, 440 av. J.-C. Musée archéologique de Ferrare.
Cette composition pourrait être inspirée d'une peinture de Polygnote. Nous y retrouvons en effet le sens de l'espace et le concept panoramique d'ensemble que décrivent les sources.

450-323 av. J.-C.

La mise en scène de la destinée : théâtre et tragédie

Les représentations théâtrales entretiennent un rapport étroit avec le sacré. Au milieu de l'orchestre se trouvait un autel à Dionysos, en l'honneur duquel les tragédies étaient exécutées. La fonction de l'auteur était de dévoiler le sens profond d'un événement mythique ou historique, d'en expliquer le caractère fâcheux, de trouver un principe d'ordonnancement qui donne un sens à la réalité et en justifie l'apparente irrecevabilité. Cela peut concerner la défaite d'un grand empire, comme dans *Les Perses* (472 av. J.-C.), ou une force irrésistible qui décide du sort de l'humanité comme dans *Les Sept contre Thèbes* (467 av. J.-C.), deux œuvres d'Eschyle. Ce concept devient crise chez Sophocle qui considère comme impénétrable le monde des dieux et construit son drame sur la réaction de l'homme face au mal qui l'entoure, jusqu'au rejet de tout compromis. Face à une telle réalité, le héros se retranche de la société, comme *Ajax* (445 av. J.-C.) ou *Œdipe Roi* (425 av. J.-C.), qui se retrouve écrasé et isolé dans sa quête de vérité. Euripide pose enfin un nouveau regard sur le héros tragique, et l'humanise. Il étudie la force destructrice des passions ombrageuses qui assaillent tout un chacun dès que l'on a dépassé les limites du supportable, comme dans *Médée* (431 av. J.-C.).

▲ *Cratère à volutes avec scène dionysiaque*, 410 av. J.-C., Tarente, Museo Nazionale. Dionysos est le dieu de l'exaltation et de l'inspiration. Les cortèges tapageurs que l'on organise en son honneur sont à l'origine de représentations théâtrales qui, dans une certaine mesure, canalisent la griserie visionnaire et donnent ainsi une chance de clarifier certaines facettes de la réalité qui ne pourraient s'exprimer autrement.

450-323 av. J.-C.

▶ Athènes, Théâtre de Dionysos, 330 av. J.-C. C'est le lieu où est né le théâtre classique. C'est en 534 av. J.-C., alors qu'il n'était rien de plus qu'un talus garni de sièges en bois, qu'on y joua la première tragédie. Elle était l'œuvre de Thespis et avait été développée sur la base des représentations sacrées des Grandes Dionysies, des chants choraux accompagnés à la flûte.

◀ Théâtre de Syracuse, 3e siècle av. J.-C. La magnifique construction actuelle résulte d'une extension radicale du théâtre d'origine datant du 5e siècle av. J.-C., sur ordre du tyran Hiéron II. Derrière l'orchestre se trouvent les fondations de la scène qui, à l'époque romaine, isolait le théâtre de son environnement naturel.

◀ Théâtre d'Épidaure, 4e-2e siècle av. J.-C. Les places où s'asseyaient les spectateurs sont divisées en segments cunéiformes, avec des escaliers et des couloirs horizontaux. À l'origine, les spectateurs s'asseyaient sur une pente qui fut progressivement garnie de bancs de bois. Les premiers théâtres en pierre datent du 5e siècle av. J.-C., mais ont été adaptés à plusieurs reprises, en fonction de l'évolution des représentations ainsi que du rôle des acteurs et du chœur qui se trouvait à l'orchestre.

▶ Athènes, Monument de Lysicrate, 335 av. J.-C. Ce coûteux monument était, comme beaucoup de ceux qui figurent dans la même rue, destiné à recevoir le trépied que gagnaient les chorèges au cours des fêtes de Dionysos. Les chorèges étaient les riches citoyens qui avaient l'honneur de financer l'exécution d'une trilogie tragique et de faire édifier l'onéreux monument sur lequel serait installée la récompense. Il s'agit d'un bel exemple de passage de l'architecture fonctionnelle à l'élément de décor.

CONTEXTE ARTISTIQUE ET HISTORIQUE

CONTEXTE ARTISTIQUE ET HISTORIQUE

450-323 av. J.-C.

Guerre du Péloponnèse et crise de l'idéal classique

L'ambition croissante de l'Athènes de Périclès de devenir maîtresse du monde grec se traduit par une lutte terrible entre Athènes, soutenue par la ligue attico-délique, les îles, les villes portuaires et les Ioniens, et Sparte, soutenue par les régimes aristocratiques et les Doriens. Cette très longue guerre (431-404 av. J.-C.) se clôtura par la défaite absolue d'Athènes qui y perdit sa flotte et fut obligée de détruire les remparts du Pirée. Ces événements allaient laisser une trace indélébile dans le monde grec, qui se trouva anéanti sur le plan économique et moral. Les très belles créations de la période classique et ses fondements sociaux, donc éthiques, appartenaient désormais au passé. L'idéal classique – expression ultime du sentiment d'équilibre entre l'homme, la nature et les dieux – était touché à mort et allait céder la place à des troubles croissants. L'homme de Polyclète, qui vivait dans un monde maîtrisé, se trouva soudain à l'arrêt et sans forces. Dès ce moment, l'art allait s'orienter de plus en plus vers l'exploration des sentiments personnels et la vénération d'un souverain absolu. Il allait y gagner en complexité ce qu'il perdrait en caractère absolu.

▶ Péonius, *Nikè*, 420 av. J.-C., Musée d'Olympie. Cette œuvre rend hommage d'une manière remarquablement novatrice à une grande victoire sur les puissantes troupes spartiates. L'héroïne est montrée au moment où elle touche le sol, enveloppée dans son *himaton* (manteau) qu'elle noue sur ses épaules comme un voile. Par rapport aux personnages du Parthénon, sur laquelle est basée cette sculpture, le *chiton* met plus l'accent sur la sensualité des formes physiques dont les courbes sont rendues de manière très décorative. Un gros bloc de marbre se transforme ainsi en une brise toute en fraîcheur.

◀ *Jeune vainqueur*, provenant d'Éleusis, 4e siècle av. J.-C., Musée national d'Athènes. Cette représentation d'un jeune homme au moment où il se couronne lui-même est une création de Polyclète. C'est à lui aussi que nous devons le bel équilibre des proportions. Sa plastique est tempérée par la lumière qui glisse sur les formes plus abruptes et moins masculines. Les lignes ondulantes soulignent le caractère éphémère du triomphe et de toutes les belles choses. Le visage reflète une douce mélancolie.

450-323 av. J.-C.

CONTEXTE ARTISTIQUE ET HISTORIQUE

◀ Art néo-attique de Callimaque, *Ménade dansante,* 2ᵉ siècle av. J.-C., Rome, Museo dei Conservatori. Callimaque était l'élève le plus important de Phidias. Dans ses œuvres, les mouvements naturels des vêtements se transforment sur les corps féminins en une somptueuse calligraphie qui communique le sentiment naturel de fuite du temps, sur un rythme décoratif. La sensualité et la beauté son omniprésentes, la composition est dense, pleine d'une palpitante affectation.

▲ *Stèle funéraire* provenant de Pella, 440 av. J.-C., Musée archéologique d'Istanbul. Dans cette stèle macédonienne, l'élévation propre à l'idéal classique semble déjà avoir été abandonnée. La tension qui préside à l'attitude du jeune soldat laisse la place à un rythme plus détendu. Remarquez aussi les inclinations typiquement naturalistes qui se traduisent plus explicitement dans le rendu des mains et des pieds.

450-323 av. J.-C.

La confrontation avec la mort : le Céramique d'Athènes

La nécropole du Céramique à Athènes doit son nom au Quartier des Céramistes qui se situait derrière l'agora. C'était probablement le cimetière le plus important de la ville, construit sur un plan précis. Comme diverses rues importantes débouchaient sur la porte de Dipylon, il s'agissait là d'un quartier de prédilection pour les familles nanties et pour les personnes qui occupaient des fonctions élevées. Le plus souvent, la tombe familiale était protégée par une clôture entourant un monument, généralement une stèle lisse ornée sur le haut d'espaces dans lesquels étaient gravés les noms des propriétaires. Les monuments revêtent des formes très diversifiées qui vont des sculptures les plus élaborées à de simples pierres célébrant la mémoire des esclaves. Le défunt était presque toujours représenté aux côtés de ses parents les plus proches et parfois de ses amis, souvent au cours d'une cérémonie de départ, alors que les enceintes étaient décorées d'animaux qui servaient de gardiens. Des parterres de fleurs séparaient les tombes. Les nouvelles tombes étaient construites sur les anciennes, et on a découvert de la sorte de nombreux complexes funéraires qui, souvent, datent du 4e siècle av. J.-C.

▶ *Stèle* de l'enceinte de Coroebus.
Le magnifique bas-relief d'Hégésus (à gauche sur la photo, réplique de l'original conservé au Musée national d'Athènes), est un exemple frappant d'art attique de la fin du 5e siècle av. J.-C., alors que les deux autres monuments datent du 4e siècle av. J.-C.

▼ *Monument funéraire de Dionysos,* 345 av. J.-C. Cet impressionnant taureau était édifié sur le petit temple dans lequel se trouvait la tombe. Une inscription : "Il n'est pas difficile de demander de prier pour qui est noble et possède une bonne réputation. Cette prière t'est acquise dès avant la mort, Dionysos, toi qui te trouves dans la demeure de Perséphone où nous arriverons tous un jour."

450-323 av. J.-C.

CONTEXTE ARTISTIQUE ET HISTORIQUE

▼ *Cénotaphe de Dexileus,* moulage de 394 av. J.-C. Dexileus avait vingt ans lorsqu'il périt lors d'une bataille contre les Corinthiens. Ses compagnons l'ont enterré dans un cimetière d'État. Cette magnifique stèle le représente à cheval, son manteau flottant au vent, tandis qu'il abat un ennemi. Ce bas-relief témoigne d'une évolution par rapport à la solennelle sobriété des stèles de la période classique.

▲ Bien mieux que ne pourrait le faire une anastylose rendue impossible par la destruction de monuments dès la période antique, cette reconstitution moderne donne un aperçu de l'ambiance qui régnait dans un cimetière. Ce lieu était réservé au souvenir de ceux qui avaient contribué à la grandeur de la patrie.

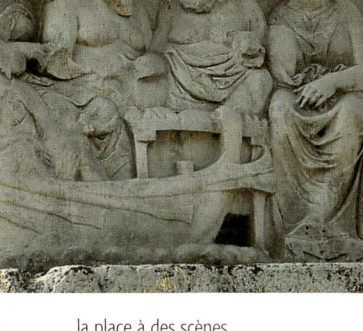

▲ *Bas-relief avec scène de banquet,* 4e siècle av. J.-C. À cette époque, la concentration de solennité qui émanait des monuments des siècles précédents laisse la place à des scènes plus proches de la vie réelle, comme ce banquet en l'honneur du défunt, qui reflète une rencontre entre amis.

87

ANALYSE DES CHEFS-D'ŒUVRE

450-323 av. J.-C.

La déification de l'individu : le Mausolée d'Halicarnasse

Le Mausolée était une des Sept Merveilles du monde antique. Construit vers 350 av. J.-C. pour Mausole, roi de Carie, par sa sœur et épouse Artémise, il a totalement disparu. Les travaux avaient été confiés au fameux architecte Pythéos. Les plus grands sculpteurs avaient apporté leur contribution à ce considérable projet : Léocharès, Scopas, Bryaxis et Timothée.

▶ *'Mausole'*, 350 av. J.-C., British Museum de Londres. Cette sculpture a longtemps été considérée comme un portrait du roi, alors qu'elle représente sans doute un prince. Ce qui la rend unique est le rapport dialectique entre le naturalisme du visage et du corps un peu indolent, et le support que leur apporte un rythme plutôt classique. Cette œuvre constitue une expression brillante des nouvelles tendances artistiques. Elle est probablement due à Timothée.

▼ Scopas, *Relief avec Combat contre les Amazones*, 350 av. J.-C., British Museum de Londres. Scopas tente de créer un rythme ramassé et élastique, qui exprime une tension constante entre le pouvoir novateur de l'énergie et la mesure classique, entre les risques liés au renouveau et un pathos dramatique. De là, cette composition équilibrée mais néanmoins surprenante, comme un ballet dont les acteurs meurent pour de vrai.

450-323 av. J.-C.

ANALYSE DES CHEFS-D'ŒUVRE

▲ *Combat contre les Amazones,* 350 av. J.-C., Musée de Bodrum. Peu de bas-reliefs ont survécu aux fouilles opérées par les Anglais et se trouvent encore sur place. Parmi ces dernières, cette scène de lutte ardente qui témoigne d'une violence inhabituelle.

▲ *Combat contre les Amazones,* 350 av. J.-C., Musée de Bodrum. Autre fragment relativement grand présenté au musée du château médiéval dans lequel il a été découvert.

▲ Milas, mausolée, Gümüshkesen, 2e siècle av. J.-C. La structure de ce mausolée de la période romaine a été assurément inspirée de celle du Mausolée d'Halicarnasse.

▶ *Tentative de reconstitution du Mausolée d'Halicarnasse.* Dans cette tentative – l'une des nombreuses qui existent – on a représenté un grand socle rectangulaire couvert de bas-reliefs, avec une colonnade tout autour d'une *cella.* Des statues figurent entre les colonnes, parmi lesquelles le 'Mausole' et un toit pyramidal, présentant un défilé triomphal de lions et d'autres acrotères.

89

450-323 av. J.-C.

Pathos et nostalgie : l'époque de Scopas et Praxitèle

La rupture avec l'équilibre classique s'exprime dans une série de tentatives de partir à la découverte de ce qui se passe dans l'individu, plutôt que d'exprimer les valeurs universelles que les faits ont bouleversées. Scopas a traduit dans le marbre un sentiment d'inadéquation et de rébellion contre la condition humaine. Praxitèle, quant à lui, transcrit le sentiment d'inachèvement dans des formes pleines de mélancolie.

◀ Praxitèle, *Hermès et le jeune Dionysos*, réplique antique ou original, 340-330 av. J.-C., Musée d'Olympie. Praxitèle maniait le marbre de main de maître. Il a fait peindre des œuvres par le peintre réputé Nicias qui a estompé, avec ses couleurs, la limite entre fiction et réalité. Il se retranche des idéaux classiques par l'intérêt qu'il porte aux formes accusées de l'adolescence et à la sensuelle beauté du corps féminin. L'Hermès nu est tout sauf héroïque : le dieu regarde dans le vide et veut donner un raisin au jeune Dionysos appuyé sur un arbre.

▶ Scopas, *Tête d'Hygie* provenant du sanctuaire d'Athéna Aléa à Tégée, 360 av. J.-C., Musée national d'Athènes. On ne découvre que grâce et sérénité sur le visage de la déesse, avec peut-être une ombre de tristesse. C'est le portrait intimiste, très humain et féminin, d'une déesse totalement humanisée.

450-323 av. J.-C.

ANALYSE DES CHEFS-D'ŒUVRE

▼ Scopas, *Tête de combattant* provenant du fronton du sanctuaire d'Athéna Aléa à Tégée, 360 av. J.-C., Musée national d'Athènes. Les têtes figurant sur le fronton montrent le pathos tourmenté qui caractérise Scopas, sa réaction contre le maniérisme des successeurs de Phidias, contre leur forte tendance aux désillusions et à la rébellion, et la recherche de quelque chose que l'on sait inaccessible.

◀ Scopas, *Tête d'homme* provenant du fronton du sanctuaire d'Athéna Aléa à Tégée, 360 av. J.-C., Musée national d'Athènes. La gamme d'expressions que traduisent les visages de Tégée est étonnante. L'homme se sent écrasé par la double conscience de la rupture intervenue dans son harmonie avec le cosmos et de l'indifférence des dieux. La possibilité d'une révolte ne modifie en rien la destinée.

▶ Praxitèle (ou disciple), *Jeune Hermès*, bronze, 325 av. J.-C., Musée national d'Athènes. Représenter les dieux sous des traits adolescents revient à leur donner une douceur, une fragilité et un caractère fugace qui les assimile aux mortels. L'expression rêveuse du visage, l'attention portée à l'objet disparu que porte la main, humanise l'idéal classique. Les lignes ondulantes et l'absence d'énergie virile et une sorte d'indifférence au monde sont typiques de l'œuvre de Praxitèle.

450-323 av. J.-C.

Rêver pour guérir : le royaume d'Épidaure

Selon la légende, Asclépios, fils d'Apollon, a été confié au centaure Chiron qui lui enseigna les secrets de la médecine. Grâce au sang de la Gorgone qui lui venait d'Athéna, il découvrit comment ramener les morts à la vie. Autour du sanctuaire d'Épidaure allait se développer le plus important lieu de culte du dieu de la médecine, avec une école florissante qui se basait partiellement sur la magie et partiellement sur la psychothérapie. Les rêves allaient y revêtir un rôle thérapeutique majeur. À l'origine, la guérison était exclusivement attribuée à une apparition du dieu dans un rêve du malade. Plus tard, la clé des rêves allait devenir l'apanage d'une caste de prêtres et les soins seraient confiés à des véritables médecins. À partir du 5e siècle av. J.-C., les Jeux Panhelléniques se tinrent tous les quatre ans à Épidaure. Ils comportaient des représentations théâtrales ainsi que des compétitions d'athlétisme et des concours musicaux. L'arrivée du christianisme n'a pas mis fin à l'existence du sanctuaire : la construction d'une vaste basilique tend à démontrer qu'Asclépios y fut simplement remplacé par le Christ.

▶ *Asclépios, sa fille Hygie et le serpent sacré*, 4e siècle av. J.-C., Musée archéologique d'Istanbul. Le serpent était vénéré en Grèce depuis les temps les plus reculés. Il est le symbole principal du pouvoir guérisseur d'Asclépios. Sa mue est l'illustration de la renaissance après une maladie, de la jeunesse éternelle et de l'immortalité. À Épidaure, on enroulait des serpents autour du malade : leur faible température réduisait la fièvre.

▼ Polyclète le Jeune, théâtre, 4e-2e siècle av. J.-C. Cette construction pleine d'harmonie offre une vue sur des horizons lointains et est parfaitement intégrée dans le paysage. Sa forme parfaite et sa situation, calculée en fonction des vents dominants, assurent une excellente acoustique.

450-323 av. J.-C.

▼ Timothée ou Théodote, *Néréide à cheval,* acrotère du temple d'Asclépios, 380 av. J.-C., Musée national d'Athènes. Cette jolie sculpture décontractée doit manifestement beaucoup à Phidias, surtout par la souplesse de ses drapés qui se détachent avec élégance sur la masse lisse du cheval ailé.

ART ET ARCHITECTURE

◄ Épidaure, banc du sanctuaire. Avec le temps, le complexe du sanctuaire s'est enrichi de divers accessoires destinés au confort, de manière à rendre aussi agréable et détendu que possible le séjour des patients et visiteurs.

◄ Stade d'Épidaure, 5e siècle av. J.-C. On a exploité une pente naturelle qui a été équipée d'escaliers de pierre sur une partie seulement de la longueur de la piste. Les onze cales de départ originelles ont été ramenées aux six que l'on peut encore voir aujourd'hui. Des compétitions d'athlétisme s'y déroulaient lors des Jeux Panhelléniques.

450-323 av. J.-C.

L'urbanisme au service des hommes : Priène

À l'époque classique, la ville grecque se composait de multiples bâtiments de culte, alors que l'on accordait bien peu d'attention aux routes, aux immeubles de services et aux habitations privées. Au 4e siècle av. J.-C. et à la période hellénistique – des époques où l'on attache une importance accrue aux besoins de l'individu et où l'on assiste à un recul des cultes religieux traditionnels et de l'identification des citoyens à leur Cité – les urbanistes s'attachent plus à la conception de villes où les habitants se sentent bien, grâce à une infrastructure extrêmement bien pensée. Temples, galeries de colonnades, bâtiments publics, marchés, rues, théâtres et palestres ne sont plus bâtis au hasard, à proximité les uns des autres, mais s'intègrent dans un projet global bien pensé qui doit, d'une part, être agréable et fonctionnel et, d'autre part, respecter les intérêts individuels. Fondée au 4e siècle av. J.-C., Priène en Asie Mineure est un des exemples les plus anciens et les mieux conservés de cette nouvelle vision de la ville : un aménagement au service de l'homme.

◀ Pythéos, Temple d'Athéna Polyade, 350-325 av. J.-C.
Ce bâtiment élégant et compact est l'œuvre du même Pythéos qui a dessiné le Mausolée d'Halicarnasse. On y a bien exploité le terrain sur lequel Priène a été construite : le temple est bien mis en évidence car il est idéalement intégré dans le plan de la ville. Le dernier grand maître de la tradition classique a aussi été l'un des premiers qui avait en lui le germe de l'hellénisme. Pythéos a développé le concept des proportions entre divers bâtiments, un concept éprouvé pour la première fois avec les Propylées, sur l'Acropole d'Athènes. Dessiné dans un style ionique plus léger et plus élégant, le bâtiment est mieux intégré dans l'agora environnante, sans perdre pour autant son caractère propre.

450-323 av. J.-C.

◀ Théâtre, 4e siècle av. J.-C. Remarquablement conservé sous sa forme hellénistique, il pouvait accueillir 5.000 personnes, notamment à l'occasion des réunions du peuple. Cinq des places assises qui entourent l'orchestre sont frappantes par leur décoration.

▶ Priène présente une structure relativement régulière qui est extrêmement bien calquée sur l'environnement géologique, sur la pente de la montagne. C'est au sommet de cette impressionnante masse rocheuse que se trouve l'acropole alors que, dans une niche à mi-chemin de la paroi se trouvait abrité un temple de roche.

◀ Fondations du temple d'Athéna, 350-325 av. J.-C. L'utilisation de bossages dans les murs d'enceinte et les grands bâtiments constituait un décor complémentaire qui répondait aux supports et aux colonnades des temples. Chaque détail est très soigné, notamment les solutions raffinées apportées aux problèmes des coins.

▶ Bouleutérion, 150 av. J.-C. Ce bâtiment carré présentait sur ses trois rangées de marches une série de piliers qui soutenaient le toit plat. Il y avait un autel au centre, où se mettaient les orateurs. Les 640 membres du Conseil se réunissaient ici, alors que la réunion du peuple se tenait dans le théâtre.

CONTEXTE ARTISTIQUE ET HISTORIQUE

450-323 av. J.-C.

Le déclin des formes classiques

De nombreuses expérimentations sont nées de la désagrégation de la société et de la disparition des concepts d'ordres esthétique et philosophique, ceux-là mêmes qui s'étaient trouvés à la base des styles et des canons chargés d'exprimer une vision du monde rationnelle et précise. Les architectes se sont progressivement libérés des contraintes qu'ils jugeaient inadéquates. Ils ont tenté de reproduire une réalité bien plus complexe que les règles dans lesquelles on voulait les enfermer. Ils ont donc enrichi leur répertoire en y introduisant des formes nouvelles. Cela a souvent donné des résultats fascinants, dans la mesure où la logique interne de la pensée grecque a rapidement jugé que cette recherche artistique était inappropriée pour exprimer les nouvelles idées. La confiance dans la valeur universelle de l'expression artistique, en tant que lien immuable entre l'homme et le cosmos, s'est étiolée. L'éveil de nouvelles exigences et la volonté de recherche de bien-être, dans une société qui attachait une importance croissante à la personne humaine ont perturbé l'équilibre classique. Bâtiments et sculptures ont été tirés de leur sublime isolement et ont été immergés dans un contexte élargi et fouillé dans lequel le concept du détail, en tant que signe d'un ordre général, a laissé la place à la recherche de rapports plus harmonieux entre grands espaces et volumes.

▶ Érechthéion de l'Acropole d'Athènes, porche des Caryatides, 421-fin du 5e siècle av. J.-C. Les superbes Caryatides qui prennent la place des colonnes ioniques affichent clairement un rapprochement de la tradition asiatique. Cette élégante loggia figure à l'extérieur des murs du temple et n'est pas intégrée dans un complexe harmonieux.

▼ L'Érechthéion est une construction particulière, fascinante et raffinée, mais incohérente si nous la jaugeons en fonction des paramètres chers à l'architecture classique. Du fait de l'existence de bâtiments plus anciens et de cultes divers qui remontaient bien loin dans le temps, et dont on voulait garder l'identité, du fait aussi des inégalités du terrain et de l'absence d'un plan global et homogène, l'ensemble forme un complexe incohérent, mais riche de merveilleux détails.

450-323 av. J.-C.

ART ET ARCHITECTURE

▼ Théodore, tholos du sanctuaire d'Athéna Pronaia, à Delphes, 370-360 av. J.-C.
La tendance à la recherche de formes nouvelles a mené, au 4e siècle av. J.-C., à la construction de rotondes dont celle-ci est la plus ancienne. La forme est nouvelle, mais l'esprit de la colonnade dorique, strictement géométrique, est resté classique. Les chapiteaux corinthiens de l'anneau de demi-colonnes de la *cella* deviendront plus tard très populaires.

◄ Callicratès, Temple d'Athéna Nikè, 427 ou 421 av. J.-C., Acropole d'Athènes.
Ce chef-d'œuvre d'art ionique a été conçu comme une miniature précieuse. Les limites qui lui sont imposées par la Propylée et l'espace restreint ont donné lieu à une liberté totale en matière de proportions et d'architecture. L'harmonie et l'élégance des décors et les bas-reliefs sont incomparables.

450-323 av. J.-C.

La créativité de la "Grèce orientale"

La civilisation grecque a ancré des racines profondes en Asie Mineure, l'actuelle Turquie occidentale. Tant dans les régions colonisées par les Grecs que dans celles qui ont subi l'influence profonde de l'hellénisation (comme l'Ionie, l'Éolie, la Mysie, la Lydie, la Carie, la Lycie, la Pamphylie, la Phrygie ou la Bithynie), s'est développée une grande civilisation artistique qui a assimilé les concepts de l'art grec et les a conjugués avec ceux de la grande civilisation persique et de ses antécédents. L'art ionique fait partie intégrante de l'art grec dont il présente la facette la plus 'picturale'. Dans les autres régions, on a par contre laissé libre cours à un monde des formes personnel et riche de fantaisie. Ceci se traduit en particulier dans de fascinants monuments funéraires. Ce sont souvent des œuvres de Grecs, attirés par la fabuleuse richesse des villes d'Anatolie. Cependant, les maîtres d'œuvre – souverains, satrapes ou aristocrates locaux – souhaitaient s'immortaliser eux-mêmes, plutôt que les dieux ou les vertus citoyennes, ce qui a donné naissance à des œuvres d'une nature jusque là inconnue sur le continent européen.

▲ Caunos (Carie), tombes troglodytiques du 4e siècle av. J.-C. Dans les environs du port, plus de 150 tombes ont été creusées à même la roche, le long d'un cours d'eau. Les plus grandes, sur la rangée supérieure, présentent une façade en forme de temple ionique et mesurent jusqu'à 20 mètres de haut. Celles de la rangée inférieure, destinées à des défunts moins riches mais néanmoins importants, sont de simples chambres funéraires garnies de fausses portes.

◀ Teimiussa (Lycie), sarcophages du 4e siècle av. J.-C. En Lycie, on utilisait volontiers des sarcophages ornés d'un couvercle 'gothique' en pointe. Les protubérances destinées à le soulever forment souvent une espèce de décor primitif. Quelquefois, la base consistait en un creux taillé à même la pierre. Il en résultait des tombes présentant un puissant effet 'tellurique'. Comme souvent, le cimetière se présente ici dans un très bel environnement naturel.

450-323 av. J.-C.

◀ Caunos (Carie), tombes troglodytiques du 4e siècle av. J.-C. Les tombes les plus grandes, destinées aux rois de la ville, sont des imitations de temples, bâtis selon une technique qui permettait de travailler du haut vers le bas, comme le révèlent des bâtiments inachevés.

CONTEXTE ARTISTIQUE ET HISTORIQUE

▶ Myra (Lycie), tombes troglodytiques du 5e siècle av. J.-C. Cet impressionnant cimetière offrait une vue sur la mer et constitue une véritable ville mortuaire, calquée sur celle des vivants. Les constructions, des plus riches aux plus humbles, sont exécutées avec un soin tout particulier. Il a même été possible de reconstituer la technique raffinée du travail des poutres de bois comme carcasse des maisons.

◀ Xanthos (Lycie), tombe des Harpies, 470 av. J.-C., et sarcophage hellénistique. La chambre funéraire est décorée de magnifiques bas-reliefs considérés comme le chef-d'œuvre de l'art sculptural lycien (il s'agit de copies ; les originaux se trouvent à Londres, au British Museum). Elle est juchée sur un monolithe de plus de 5 m. de haut, pesant plusieurs dizaines de tonnes. Peut-être symbolise-t-elle le monde matériel. Le dessus, en forme d'escalier inversé, pourrait faire référence au ciel.

323-31 av. J.-C.

Alexandre à la bataille d'Issos, détail d'une mosaïque de Pompéi, Musée archéologique de Naples.

Grandeur et destin tragique de l'individu : l'hellénisme

323-31 av. J.-C.

Alexandre et la naissance de l'hellénisme

La chute de la puissance politique et militaire de la Cité grecque allait favoriser l'avènement de l'empire macédonien de Philippe II qui, en 338 av. J.-C., battait les villes lors de la bataille de Chéronée. La période glorieuse des Cités grecques indépendantes prenait ainsi fin. En Occident aussi s'ouvrait l'époque des grands empires. Après le meurtre de son père, Alexandre parvint à réaliser ses plans. En 333 av. J.-C., il conquérait l'Asie et y écrasait les armées du roi de Perse. Le vieux rêve grec de revanche allait se réaliser sous la direction d'un homme qui était convaincu qu'il avait été envoyé par le destin, aidé par les dieux et sublimé au-delà de la condition de mortel. La civilisation grecque allait s'étendre jusqu'à l'Indus mais en changeant de nature profonde : la monarchie absolue inspirée de l'Orient remplaça la démocratie, la vénération du souverain en tant que héros ou même en tant que dieu remplaça la religion. C'est ainsi que disparut le respect des valeurs éthiques, morales et collectives qui avaient posé les fondements de la pensée grecque. L'homme libre, maître de sa destinée, devint un sujet.

▶ *Alexandre combattant un Perse*, détail d'un sarcophage de Sidon, 325-310 av. J.-C., Musée archéologique d'Istanbul. Décoré sur ses quatre faces, ce sarcophage célèbre les exploits d'Alexandre et les mythifie. Naturel et vivant, ce nouveau style est expressif et dramatique. La composition est dominée par un rythme surprenant qui n'est pas déterminé, dans ce cas, par l'intervention d'un dieu, mais bien par la personnalité supérieure du Macédonien, nouveau héros idéal.

◀ *Alexandre le Macédonien*, provenant de Pergame, 2ᵉ siècle av. J.-C., Musée archéologique d'Istanbul. L'art hellénistique ouvre de nouveaux horizons à l'art du portrait qui opte pour représenter des célébrités plutôt que des citoyens exemplaires. C'est la victoire de l'individu sur l'idéal. Un fort clair-obscur sous-tend le visage d'Alexandre et fait apparaître ses sentiments contradictoires : aspirations surhumaines et courage, mais aussi le sentiment de la vanité de toutes choses.

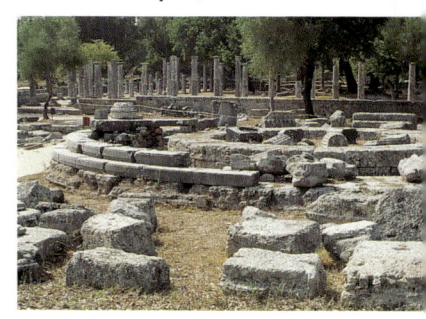

▶ Olympie, Philippeion, entamé en 338 av. J.-C. L'année de la bataille de Chéronée, Philippe II entama la construction d'un monument commémoratif rond qui fut achevé sous Alexandre. À l'intérieur se trouvaient les statues de Léocharès, représentant Alexandre et ses ancêtres : le culte de la personnalité venait de voir le jour.

▼ Amphipolis, *Monument à Laomédon*, 330 av. J.-C. (restauré). Ce lion colossal a peut-être été édifié par Alexandre – qui est parti d'ici en expédition contre le Perses – pour un de ses généraux. Il se trouvait à l'origine sur un piédestal très élevé et rend hommage à un ami du nouveau seigneur et maître du monde grec.

▼ Entrée du palais royal de Pella (Macédoine), milieu du 4e siècle av. J.-C.
Le palais royal était une grande nouveauté de l'architecture grecque qui considérait le faste comme un signe d'individualisme dangereux et vain. On a retrouvé d'importantes mosaïques dans la résidence de Philippe II, une construction d'une grandeur et d'un luxe inusités aux yeux du monde occidental.

323-31 av. J.-C.
L'individu face à lui-même : Lysippe

Lysippe est né vers 390 av. J.-C. Il a été le dernier des grands sculpteurs classiques et le précurseur des nouvelles valeurs de l'hellénisme : son intérêt se déplace de la 'réalité absolue' vers le rendu de la 'réalité apparente et relative' des choses. Son art est imprégné d'une profonde nostalgie d'un monde irrémédiablement perdu. Il raisonnait exactement comme le peintre Apelle, portraitiste de la cour d'Alexandre.

▶ Lysippe (?), *'Éphèbe d'Anticitéra'*, bronze, 340 av. J.-C., Musée national d'Athènes.
Ce jeune héros (ou dieu) est clairement calqué sur le modèle du *Doryphore* de Polyclète. Il est représenté alors qu'il regarde ce qu'il a dans la main. L'équilibre est parfait, mais la forme idéale que révéraient les artistes de la génération précédente semble avoir disparu. On attache à présent plus d'importance aux apparences qu'à la réalité.

▶ Lysippe, *'Ercole Farnèse'*, réplique romaine d'un original en bronze, 330 av. J.-C., Naples, Museo Archeologico Nazionale.
La bataille est finie et le héros se repose. La grande masse musculaire surmontée d'une tête trop petite n'évoque pas, à vrai dire, une grande fatigue après la victoire, mais plutôt une sorte de dépression morale, d'abrutissement intérieur, de conscience désenchantée de l'inutilité de l'effort fourni. La fragilité de la vie humaine se traduit dans le contraste entre la destinée glorieuse qui attend le héros déifié et la déroute de ses certitudes morales.

323-31 av. J.-C.

▶ *Combat entre Grecs et Perses,* détail d'un sarcophage provenant de Sidon, 325-310 av. J.-C., Musée archéologique d'Istanbul.
La condition du héros classique est minée par une suite ininterrompue et chaotique d'actes individuels liés à un éclairage rapide : comme si le drame emportait ses acteurs, comme s'ils ne maîtrisaient plus les forces qu'ils ont déchaînées.

ANALYSE DES CHEFS-D'ŒUVRE

▶ Lysippe, *L'Apoxyomène,* réplique romaine d'un bronze original de 320 av. J.-C., Musée du Vatican. L'athlète se gratte la peau après la compétition. Sa performance athlétique telle que l'aurait représentée l'art classique laisse la place à un geste anecdotique. Le parfait maîtrise du corps dans l'espace n'est pas à l'image de l'effort consenti pour le posséder : cette apparition spontanée est unique dans la mesure où elle montre que l'existence est la suite d'événements fortuits à la base desquels ne figure aucun principe immuable.

105

323-31 av. J.-C.

La monarchie divine dans les royaumes hellénistiques

La mort prématurée d'Alexandre, en 323 av. J.-C., a mis un terme à l'idée de grandeur et d'universalisme qui l'avait inspiré. Ses généraux se sont partagé l'immense empire : l'Égypte aux mains des Ptolémées, l'Asie et la Syrie aux Séleucides, la Macédoine aux Antigonides. Malgré les circonstances, la régularité des contacts commerciaux entre l'Est et l'Ouest a fait des siècles hellénistiques une époque de grands progrès économiques, mais aussi une période florissante sur divers plans : urbanisme, art, science et littérature. À l'Est, les efforts consentis par Alexandre pour établir la monarchie en tant que valeur absolue et divine ont été poursuivis et renforcés par ses successeurs. Le souverain hellénistique a donné aux arts la possibilité de magnifier sa toute-puissance : en tant qu'incarnation de toutes les vertus du héros, il est supérieur aux autres mortels. C'est ainsi qu'est né l'art du portrait héroïque, qui dépeint la personnalité, alors que l'architecture et l'urbanisme donnaient lieu à des bâtiments impressionnants qui consacraient plus le donneur d'ordre que le dieu auquel ils étaient consacrés.

▼ *Roi hellénistique*, bronze, 150 av. J.-C., Rome, Museo Nazionale Romano. Une œuvre spectaculaire dans laquelle le prototype du héros conforme aux canons remplace les traits de l'individu, ce qui complique singulièrement l'identification du souverain en question. L'idéal hellénistique, ce n'est pas le citoyen qui s'identifie à la Cité, mais bien le personnage connu.

◄ *Antioche III de Syrie*, réplique romaine d'un original de 200 av. J.-C., Paris, Musée du Louvre. Le naturalisme apparent de ce portrait souligne le caractère ambitieux du souverain. La sobriété des traits, le regard pénétrant, le grand front et les lèvres pincées témoignent de la fermeté de l'homme d'État.

323-31 av. J.-C.

CONTEXTE ARTISTIQUE ET HISTORIQUE

▼ Athènes, Olympeion, entamé au 2ᵉ siècle av. J.-C. et terminé sous l'Empire romain. L'ensemble de 104 colonnes corinthiennes très élevées, en marbre, était extrêmement élégant et haut en couleurs. Largement admiré en son temps, il a été considéré comme l'égal hellénistique du Parthénon. C'est un des plus grands bâtiments de l'Antiquité.

◄ *Artémis d'Éphèse*, 1ᵉʳ siècle av. J.-C. (?), Musée de Selçuk (Éphèse).
Sculpture hellénistique ou romaine qui témoigne du maintien des cultes archaïques dans les sanctuaires les plus importants de l'Antiquité, auxquels les souverains octroyaient des montants considérables. Dans le cas présent, l'image archaïsante de la déesse de la fécondité prend la place d'une autre œuvre dont elle imitait les traits du visage.

▲ *Lysimaque*, début du 3ᵉ siècle av. J.-C., Musée de Selçuk (Éphèse).
Ce portait romantique et idéalisé est inspiré du prototype de celui d'Alexandre : visage penché, cheveux décoiffés par un vent 'héroïque', lèvres entrouvertes, grands yeux et vaste front, pathos intense.

107

323-31 av. J.-C.

L'urbanisme vu comme une superbe mise en scène

La ville hellénistique a continué à respecter certains schémas de la cité classique tels que le plan rectangulaire, mais elle a abandonné le plan fixe, presque abstrait des environs du grand temple et s'est basée sur la topographie des lieux qui détermine dès lors la situation des éléments majeurs de la ville. Galeries à colonnades, basiliques, palais, théâtres, palestres, odéon, escaliers, propylées, bibliothèques, gymnases, marchés et temples ont été conçus comme le décor des nombreuses activités qui s'exerçaient dans les villes modernes. Des perspectives spectaculaires s'ouvraient sur des nymphées monumentales, un éventail de routes partait du théâtre ou convergeait vers lui. La forme des bâtiments évolue aussi : les constructions parfaitement finies et indépendantes sont remplacées par des formes ouvertes, des passages parfois surprenants, d'importance et d'échelles diverses, et par diverses formes et liaisons architectoniques. La ville qui naissait de ces bâtiments était un organisme vivant et évolutif dans lequel il faisait bon se promener et vivre.

▶ Pergé (Pamphylie), tours de la Porte Sud, fin du 3e siècle av. J.-C. À côté de la Porte Monumentale de Pergé se dressent deux superbes tours rondes qui remplissent une double fonction, militaire et décorative. Une attention toute particulière a été apportée aux finitions à bossages.

▼ Pergé (Pamphylie), intérieur de la Porte Sud, fin du 3e siècle av. J.-C. Cette porte ornée de deux tours a été modifiée à l'époque romaine. À l'origine, elle donnait sur une cour intérieure ovale, enrichie du clair obscur des niches entourées des colonnes des murs. Une deuxième porte menait à la longue colonnade parée d'un caniveau, au milieu du chemin.

323-31 av. J.-C.

ART ET ARCHITECTURE

▼ Théâtre de Pergame, 3e siècle av. J.-C. La tribune vertigineuse du théâtre était le cœur de la ville : de la ville basse, avec les maisons et le sanctuaire d'Asclépios, à la citadelle avec le palais des souverains et de superbes bâtiments publics. Pergame a été conçue comme un organisme dynamique, avec de larges axes visuels, une longueur, une finition et une inventivité révolutionnaires.

▶ Éphèse, le théâtre et la Via Arcadiana. La longue artère jalonnée de colonnes – qui était, à l'époque, éclairée la nuit – partait du grand port de la ville pour rejoindre l'impressionnant théâtre, visible depuis la mer.

L'histoire en tant que drame : l'autel de Zeus à Pergame

323-31 av. J.-C.

Ce monument hors du commun a été érigé après 183 av. J.-C. par Eumène II. En célébrant le mythe de la lutte contre les Titans, le roi de Pergame voulait célébrer sa victoire sur les Celtes. Seules les fondations se trouvent actuellement encore sur place : le reste a été transporté au Musée de Pergame, à Berlin.

▶ Un nouveau goût pour le naturalisme ressort des détails de la composition. Celle-ci met l'accent, dans une mise en scène bien étudiée, sur la réalité tragique du destin de l'homme. La souffrance et la mort apparaissent entre les ailes du mythe.

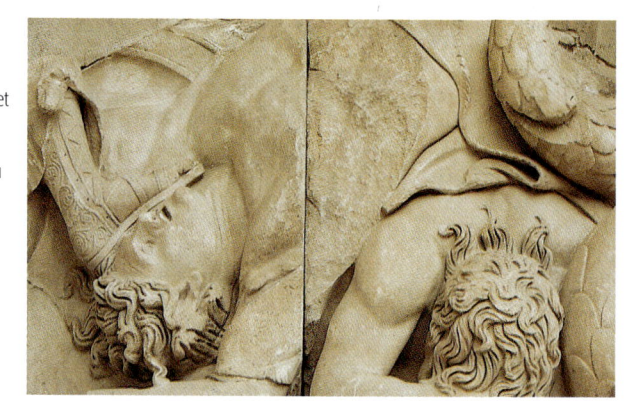

323-31 av. J.-C.

▲ L'autel de Zeus, découvert et fouillé par des archéologues allemands, puis reconstitué au Musée de Pergame, à Berlin.

▶ Les Titans ont défié les dieux et ont perdu : il ne pouvait en être autrement. Leur défaite a un goût amer dont un spectateur antique ne pouvait certainement pas se réjouir. L'attention portée à la souffrance des vaincus, qui se sont montrés si humains et si héroïques dans leur vaine rébellion contre leur situation, démontre une nouvelle sensibilité qui allait modifier la structure de l'art grec.

▶ Le sort des vaincus est vu avec compassion : la civilisation hellénistique était capable de comprendre et apprécier la fierté des Titans qui se sont rebellés contre les dieux. Elle inverse ainsi la signification de l'un des mythes les plus anciens : la victoire de l'ordre sur le chaos.

◀ Un récit explicite et violent entraîne dieux et Titans dans une suite ininterrompue de positions changeantes qui sont dominées par le développement des membres et l'éclairage dramatique. Le rythme et le pathos de Scopas sont accentués par la violence des effets plastiques, et par le clair-obscur. Le récit est dominé par une rhétorique relevée mais une réelle angoisse se marque dans les masques.

ANALYSE DES CHEFS-D'ŒUVRE

111

323-31 av. J.-C.

L'urbanisme au service du bien-être

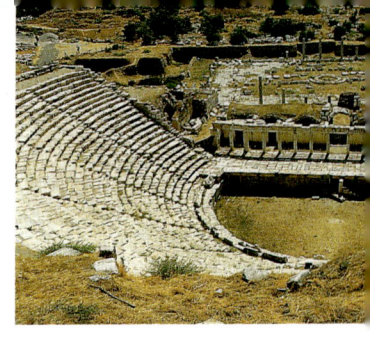

Malgré ses dimensions souvent considérables, la métropole hellénistique était construite de telle sorte que les gens puissent y vivre agréablement, et qu'ils puissent y trouver ce qu'il leur fallait pour s'y développer et s'y amuser. Mis à part quelques sanctuaires archaïques rénovés, les temples sont d'une grandeur modeste dans la mesure où l'on attache aux dieux traditionnels une attention toujours moindre. Ils sont menacés par de nouvelles religions venues de l'Est et par le scepticisme croissant. Les habitations modestes des siècles antérieurs qui reflétaient la rigueur des mœurs et le mépris des richesses terrestres se transforment en villas avec jardins, portiques et fontaines. Les artistes et sculpteurs créent des œuvres qui revêtent un caractère de plus en plus privé et sont destinées à décorer les séjours de luxe des aristocrates. Il n'est plus question de célébrer les valeurs morales et citoyennes de la classe dirigeante qui s'identifiait à la Cité. Les immeubles publics destinés à rendre la vie plus agréable se multiplient et les colonnades édifiées le long des chemins mesurent parfois des kilomètres. L'énorme afflux de richesses émanant des guerres et du commerce donne partout naissance à des splendeurs, expressions publiques de l'individualisme privé.

▼ Stade d'Aphrodisias en Carie, 1er siècle av. J.-C.
Ce stade est le mieux conservé du monde antique. Il est long de 262 mètres et comporte 30.000 places. Voilà un exemple typique des efforts que fait la Cité pour construire des espaces de loisirs. Les côtés longs sont légèrement incurvés pour corriger un effet optique de resserrement et pour donner aux spectateurs une meilleure vision des extrémités.

323-31 av. J.-C.

CONTEXTE ARTISTIQUE ET HISTORIQUE

◀ Athènes, Tour des Vents, 1er siècle av. J.-C. Cet étrange bâtiment était une horloge hydraulique qui permettrait de lire l'heure grâce à un système compliqué de tuyaux qui se remplissaient à une vitesse déterminée. De la sorte, on pouvait aussi lire l'heure la nuit ou par mauvais temps. Sur la frise en haut-relief, huit personnages représentent les vents. À côté se trouve une latrine, bâtiment public qui n'existait pas à la période classique.

▲ Théâtre d'Aphrodisias en Carie, 1er siècle av. J.-C. – 2e siècle après J.-C. Le déclin de la tragédie, donc la réduction des déplacements des chœurs, a donné lieu à une réduction sensible de l'orchestre. Par contre, le succès grandissant de la comédie confère une importance plus grande à la scène. Le caractère architectonique des coulisses fait disparaître la relation entre théâtre et environnement. Le spectacle devient pure fiction.

▶ Olympie, palestre, 3e siècle av. J.-C. C'est ici que l'on s'entraîne pour les compétitions. La cour est entourée de pièces privées et de colonnes qui ne portent pas de cannelures sur le bas.

◀ Agora d'Athènes, *Stoa d'Attale II*, 159-138 av. J.-C., reconstitué en 1956. Cette reconstitution donne une bonne idée du caractère monumental de l'élément urbain le plus typique de cette époque. Ce portique à colonnades est un cadeau du roi de Pergame, mécène et citoyen d'honneur d'Athènes. Le bâtiment mesure 116 m. de long sur 23 m. de haut. Toutes les activités de l'agora voisine pouvaient y avoir lieu.

ART ET ARCHITECTURE

323-31 av. J.-C.
Les sanctuaires d'Asie Mineure

À la période archaïque, il existait, surtout dans le monde ionique, une tradition bien ancrée de construction d'énormes sanctuaires : l'Héraion de Samos, l'Artémision d'Éphèse et le Didymaion de Milet étaient extrêmement vastes. La reconstitution de ces gigantesques constructions ou l'édification de temples susceptibles de rivaliser avec la splendeur de ces merveilles antiques était un des objectifs de l'architecture hellénistique. Comme ces temples étaient calqués sur les modèles du passé, ils étaient étonnamment conservateurs : la ligne droite dominait, ainsi que le style ionique typique de cette région, avec ses fines colonnes, souvent combinées avec des colonnes corinthiennes. Les lignes courbes, les arcs et les coupoles étaient plutôt rares. Le caractère monumental était encore renforcé par la hauteur des socles, alors même que l'on expérimentait des approches souvent surprenantes dans les espaces intérieurs. Les dimensions énormes étaient destinées à impressionner le public et à donner une image de la richesse de l'État comme de la générosité du souverain mécène.

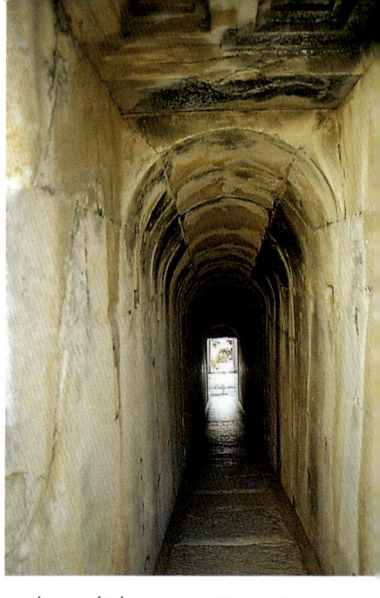

▲ Didymes, Temple d'Apollon, couloir voûté, 3e siècle av. J.-C. Deux couloirs étroits, voûtés, menaient au cœur sacré du sanctuaire. Ceci renforçait le sentiment de mystère et d'accession à un monde réservé aux prêtres. Ceux-ci se présentaient à la 'porte de l'oracle' du *pronaos* d'où ils rendaient des oracles.

◀ Didymes, Temple d'Apollon, 300 av. J.-C.-200 apr. J.-C. L'extérieur de ce temple entièrement construit en marbre ressemblait à une forteresse entourée d'un mur de 108 colonnes vertigineuses de près de 20 mètres de haut, superbement travaillées. Chacune d'elles a exigé 20.000 journées de travail. L'ensemble du bâtiment mesurait 109 x 51 m., sur environ 30 m. de haut.

323-31 av. J.-C.

ART ET ARCHITECTURE

◀ Sardes, chapiteau du temple d'Artémis, 300 av. J.-C.
Les architectes hellénistiques se sont essentiellement concentrés sur la mise en œuvre de nouveaux éléments d'un raffinement extrêmement recherché. Ceci devait donner au temple un rayonnement puissant et sophistiqué. Ce brillant chapiteau est une superbe illustration de leur réussite.

▶ Didymes, *adyton* du Temple d'Apollon, 300 av. J.-C. – 200 apr. J.-C.
L'*adyton* (espace inaccessible aux non-initiés) du temple consiste en une immense pièce intérieure non couverte, entourée de murs très élevés (25 mètres), divisés en portions par des pilastres.
À l'extrémité se trouve le *naiskos*, un petit temple où l'on conservait la statue d'Apollon.

◀ Sardes, Temple d'Artémis, 300 av. J.-C. – 150 apr. J.-C.
Ce temple immense est parfaitement intégré dans un environnement naturel impressionnant, mais n'a jamais été terminé. Il avait à rivaliser avec les sanctuaires les plus fameux de l'Antiquité. Son plan a été revu à plusieurs reprises pendant sa construction. À l'époque romaine, on pouvait y voir une statue de l'impératrice Faustine.

323-31 av. J.-C.

Une montagne pour sépulture, l'infini comme frontière

Dans l'État hellénistique, le monarque représentait tout. La puissance du royaume de Commagène, une sorte d'État tampon entre les Parthes et les Romains, allait se développer au 2e siècle av. J.-C. En 69 av. J.-C., Antioche Ier prenait le pouvoir, soutenu par son alliance avec Pompée. Il fit construire d'immenses lieux de culte pour ses ancêtres, parmi lesquels il incluait Darius et Alexandre le Grand, et les mit sur pied d'égalité avec les plus importantes divinités du panthéon gréco-iranien. Vers 62 av. J.-C., il décida de faire du mont Nemrut – le Nemrut Dag, la cime la plus élevée de la région avec ses 2.150 mètres et donc le meilleur moyen de communication avec le ciel – un gigantesque tombeau dans lequel il voulait être inhumé. Ses sujets venaient l'honorer au départ des trois terrasses de culte alentour, comme il ressort des inscriptions : "C'est pourquoi je veux construire ce lieu de culte à proximité immédiate du trône des dieux et sur des fondations contre lesquelles le temps ne peut rien. Mon corps y reposera éternellement après que, entouré de bienveillance, il sera devenu vieux et aura été abandonné par ma fidèle âme qui se sera libérée pour s'envoler vers les lieux célestes de Zeus-Oromasdes."

▶ *Tête de Zeus-Oromasdes,* terrasse Est du Nemrut Dag. Les têtes gigantesques offrent l'apparence de sculptures grecques dans leur volonté d'atteindre une expressivité intense et quelquefois abstraite. Et des apparences parthes par leurs vêtements et leurs attitudes hiératiques schématisées. Cette vision de l'infini est probablement l'expression la plus fascinante de l'art de cette région.

▼ *Les dieux sur leurs trônes et la colline funéraire,* terrasse Est du Nemrut Dag. La colline funéraire était, à l'origine, haute de 75 m. Elle n'en compte plus que 50, aujourd'hui, du fait de l'utilisation inopportune de la dynamite, lors des premières fouilles à la recherche des chambres funéraires. Ce mystère, la montagne ne l'a toujours pas révélé...

323-31 av. J.-C.

▲ *Tête d'aigle,* terrasse Est du Nemrut Dag.
Les dieux et Antioche sont protégés par les deux énormes couples d'animaux qui apparaissent à leurs côtés : le lion, symbole de la force terrestre et l'aigle, maître du ciel et messager des dieux.

▼ *Antioche serrant la main à Apollon-Mitras,* terrasse Ouest du Nemrut Dag.
De nombreux bas-reliefs montrent Antioche Ier serrant la main à divers dieux du panthéon gréco-iranien. De la sorte, il se situe au niveau des dieux. Le sculpteur a accordé une grande attention au rendu précis des habits perses luxueux, finement brodés, ainsi que des armes et des bijoux.

▼ *Tête d'Antioche Ier,* terrasse Ouest du Nemrut Dag.
Le roi qui bénéficie de la jeunesse éternelle, porte une coiffure perse d'une hauteur inusitée. Il serre à peine les lèvres, mais ses grands yeux sont largement ouverts sur les mystères de la vie, du temps et des questions terrestres. Il est rare qu'une tombe établisse un tel lien entre la terre et le cosmos.

CONTEXTE ARTISTIQUE ET HISTORIQUE

323-31 av. J.-C.
Le portrait et la découverte de l'individu

Dans l'État hellénistique, l'individualisme est un des fondements de la société. La Cité a fait place à l'empire et le concept de la personnalité se développe, dans un nouveau monde cosmopolite et complexe. L'art ne se met plus en quête de beauté abstraite, mais bien des caractéristiques uniques, d'ordre moral, psychologique et intellectuel, que possède chaque individu.

◀ *Tête de prince hellénistique,* provenant de Pergame, début du 2ᵉ siècle av. J.-C., Berlin, Staatliche Museen. Portrait éminemment idéalisé, témoignant d'une volonté remarquable qui situe le prince au-dessus de la mêlée des mortels.

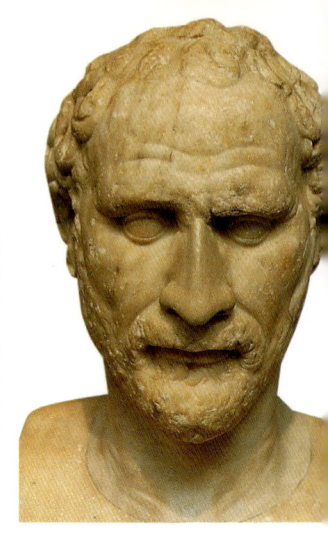

▲ Polyclète, *Démosthène,* 280 av. J.-C., réplique romaine, British Museum de Londres. L'accent est mis sur le front vaste et ridé de ce penseur, alors que les sourcils asymétriques accentuent son bagage d'expérience personnelle.

323-31 av. J.-C.

ANALYSE DES CHEFS-D'ŒUVRE

◀ *'Pseudo-Sénèque'*, provenant d'Herculanum, réplique romaine d'un original datant de la fin du 3e siècle av. J.-C., Musée archéologique de Naples.
Cette sculpture tourmentée traduit, non sans une grande virtuosité naturaliste, le nouveau concept de 'beauté éthique', qui ne va pas nécessairement de pair avec 'beauté naturelle' ou 'beauté idéale'. Il s'agit sans doute d'un philosophe ou d'un poète : la valeur morale est le nouvel étalon de la beauté.

▼ *'Philosophe'* provenant d'Anticythère, vers 200 av. J.-C., Musée national d'Athènes. Les cheveux en désordre, la barbe longue, le front soucieux et l'expression sarcastique sont des traits caractéristiques des adeptes de l'école des Cyniques. Ce bronze reflète une profonde introspection, est d'un réalisme frappant et exploite fortement le clair-obscur.

◀ *Détail de la mosaïque illustrant la bataille d'Issus* (selon un original peint du 4e-3e siècle av. J.-C.), provenant de la Maison du Faune à Pompéi, Naples, Museo Nazionale.
Cette mosaïque est construite autour de l'image novatrice de la panique de Darius qui ouvre des yeux encore étonnés et incrédules sur son attaquant, Alexandre, alors que, autour de lui, toute son armée s'enfuit. La psychologie des personnages se traduit dans une série de trouvailles : la volonté de Darius ressort des mouvements des lances qui deviennent de plus en plus fines, tandis que son aurige relance désespérément les chevaux.

119

323-31 av. J.-C.

Les limites à double sens du naturalisme

À la période hellénistique, la sculpture, qui avait donné une forme esthétique aux sentiments citoyens et religieux les plus nobles – indissociables les uns des autres au cours des périodes archaïque et classique – est sécularisée. Cet art laïque devient un privilège des souverains et de riches particuliers, en lieu et place d'une expression de l'identité de la Cité, et se plie de ce fait à de toutes nouvelles exigences. La perte du caractère éthique – qui justifiait au cours des siècles antérieurs l'existence même de l'art – entraîne avec elle la disparition de la nécessité de représenter un absolu qui va au-delà du perceptible. L'on attache au contraire une importance grandissante au monde visible. Et l'on introduit dans l'expression artistique des chagrins et des défaites, des sentiments vulgaires ou banals, en d'autres termes tout ce qui se démarque de l'expression d'une relation harmonieuse entre l'homme et le cosmos. L'art se voit dès lors attribuer une nouvelle signification. Il se transforme en une ornementation dédiée aux princes et aux maîtres, avec des variations et des motifs toujours renouvelés, en passe de devenir plus une industrie qu'une quête d'absolu.

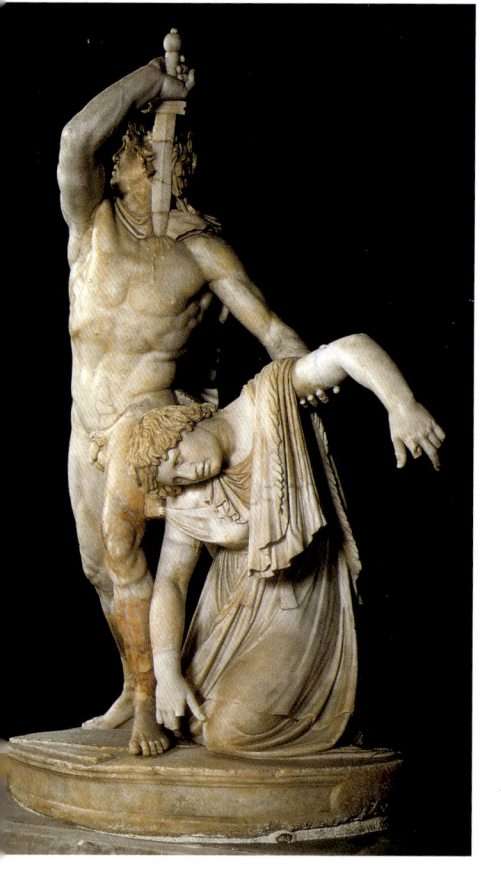

◀ *Galate se suicidant avec sa femme*, réplique romaine d'un bronze original provenant de Pergame, 228-223 av. J.-C., Rome, Museo Nazionale Romano. Cette sculpture fait partie, au même titre que le *Galate mourant*, du groupe de bronzes d'Attale Ier Sôter, roi de Pergame, commémorant sa victoire sur les Gaulois qui lui avait permis de légitimer son pouvoir. Le thème classique de la victoire de la civilisation sur la barbarie s'ouvre ici à un sentiment dramatique de communauté avec les vaincus. Le barbare a cessé d'être un monstre. C'est une personne dont la rudesse usuelle est à présent liée à une noblesse inusitée des sentiments et à une fierté sauvage, mais pas moins admirable pour autant. Vaincu mais indompté, grandiose dans l'héroïque emphase de ceux qui font plus volontiers le sacrifice de leur vie que de leur liberté.

323-31 av. J.-C.

◀ *Galate mourant*, réplique romaine d'un bronze original provenant de Pergame, 228-223 av. J.-C., Rome, Musei Capitolini. Le combattant mortellement touché attend sans aucune crainte l'arrivée de la mort, sachant fort bien que le pire des maux n'est pas la défaite, mais bien la lâcheté. La découverte du caractère humain de l'ennemi détruit une des bases de la pensée grecque qui divisait le monde en Hellènes et Barbares. Un fait accidentel, naturaliste et historique est ainsi sublimé.

CONTEXTE ARTISTIQUE ET HISTORIQUE

▼ *Vieux pêcheur*, réplique romaine d'un original du 2ᵉ siècle av. J.-C., Rome, Musei Capitolini.

Le nombre de sujets représentables s'étend à la laideur et à la déchéance, rendus dans la plupart des cas de façon très réaliste, souvent sans interprétation critique. Tous les aspects de la réalité intéressent l'artiste, mais personne ne la saisit dans son entièreté.

▼ *'Fauno Barberini'*, réplique romaine d'un original du 3ᵉ siècle av. J.-C., Munich, Antikensammlungen. Ce nu impressionnant qui souligne le contraste entre la vigueur du corps et la mollesse des membres assoupis est un des sommets du 'baroque hellénistique'.

323-31 av. J.-C.

Érotisme et grâce

À la période hellénistique tombent les vêtements qui dissimulaient les parties les plus intimes d'un corps féminin qui peut dès lors faire valoir toutes ses séductions. L'accent est mis sur la beauté du corps nu. Parfois de façon détaillée et puissante, parfois tout en finesse et avec malice.

▶ Doidalsas, *Aphrodite au Bain*, réplique romaine d'un original de 250 av. J.-C., Rome, Museo Nazionale Romano.
La pose de la déesse nue met en valeur sa surprenante féminité et la beauté de sa peau dont la plastique est modelée par la lumière.

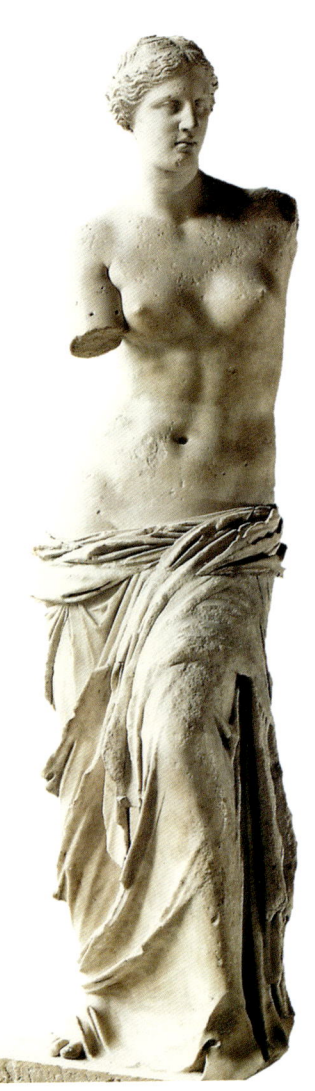

◀ *Aphrodite ('Vénus')* de Milo, 150 av. J.-C., Paris, Musée du Louvre.
Cette superbe représentation de la beauté féminine émerge d'un drap dont les plis soulignent la torsion croissante. La lumière, coupée par des ombres inattendues sur la face inférieure de la statue, tombe à point nommé sur le buste nu. L'inspiration hautement classique va de pair avec des détails d'une sensualité peu commune, comme l'apparition inusitée des fesses, équilibrées par des seins majestueusement dressés qui renforcent une impression d'ensemble gracieuse et déterminée.

323-31 av. J.-C.

ANALYSE DES CHEFS-D'ŒUVRE

▶ Doidalsas, *Aphrodite au bain,* réplique romaine d'un original provenant de 250 av. J.-C., Rome, Museo Nazionale Romano. L'image de la déesse qui se tourne, surprise pendant son bain, a remporté un grand succès et a été copiée de nombreuses fois, plus pour des raisons d'ordre érotique que d'ordre artistique.

◀ 'Venere Esquilina', provenant de Rome, 1er siècle av. J.-C., Rome, Musei Capitolini. Traitement raffiné et éclectique, sur le modèle de l'ancien empire, d'un modèle de l'hellénisme tardif qui illustre un pathos nostalgique et archaïsant. Ce nu magnifique bénéficie encore de son polissage d'origine, ce qui permet à la surface quelque peu figée de se justifier parfaitement, avec un équilibre intellectualisant entre érotisme et grâce, adolescence et sensualité.

123

323-31 av. J.-C.
Enfance et introspection

La découverte du monde mystérieux de l'innocence enfantine et de l'adolescence impénétrable et chaotique, l'étude de l'insouciance et de l'introspection, de la joie et du chagrin, a atteint à la période hellénistique des sommets difficiles à égaler.

◄ *Philiscus (?), La Muse Polymnie,* réplique romaine d'un original du milieu du 2e siècle av. J.-C., Rome, Musei Capitolini. La muse du chant lyrique est représentée dans une position rêveuse et pensive, romantiquement vêtue d'un long manteau sous lequel transparaît la finesse de son bras. La forme est compacte, rentrée en elle-même dans le bloc de marbre fortement poli, mais la légère modulation des rondeurs montantes qui naissent du dialogue entre le drapé des vêtements et les encoches pratiquées dans le tronc de bois, donne lieu à un crescendo de surfaces douces imbibées de lumière.

▼ *Jeune fille assise,* réplique romaine d'un original du début du 3e siècle av. J.-C., Rome, Musei Capitolini. Représentation typique d'une jeune fille raffinée et timide, avec un brin de psychologie qui vient s'ajouter à une pose complexe faite pour rassembler art et naturalisme.

323-31 av. J.-C.

◀ *'Jockey'* du Cap Artémision, bronze de la fin du 2ᵉ siècle av. J.-C., Musée national d'Athènes.
Le jeune jockey fend l'air sur son destrier. Il respire la jeunesse et l'enthousiasme, bien que la précarité de la vie soit suggérée par le sentiment de faiblesse et la conscience que cet instant ne reviendra jamais.

◀ *'Celui qui s'ôte une épine du pied' (Spinario)*, bronze du 1ᵉʳ siècle av. J.-C., Rome, Musei Capitolini. Œuvre éclectique, intrigante et raffinée.
Le corps est sans doute basé sur divers modèles des 3ᵉ et 2ᵉ siècle av. J.-C., et la tête sur des œuvres du 5ᵉ siècle av. J.-C. Le naturalisme apparent est construit sur un jeu de rencontres formelles raffinées, de telle sorte que cette sculpture peut être regardée sous tous ses angles tout en conservant son rythme.

▲ Le visage 'classique' de *'Celui qui s'ôte une épine du pied'* est idéalisé, au même titre que la coiffure raffinée qui compte néanmoins quelque boucles rebelles. Le visage est très concentré sur un épisode de la vie quotidienne : libérer son pied d'une épine. Cette œuvre bien pensée joue sur le contraste entre la banalité de l'acte et l'approche artistique élaborée qui préside à sa construction.

ANALYSE DES CHEFS-D'ŒUVRE

323-31 av. J.-C.

Mythe et individu : le drame d'Ulysse à Sperlonga

Ulysse est l'incarnation de l'homme qui décide de prendre en mains sa propre destinée. Il est le protagoniste d'un groupe sculpté d'une grande valeur dramatique, qui exprime la nouvelle éthique individualiste. Les sculptures (Musée national de Sperlonga) sont des répliques romaines des originaux hellénistiques que Tibère a fait réaliser pour sa villa de Sperlonga.

▶ *Le timonier,* détail du groupe Scylla, L'homme s'agrippe désespérément au bordage et tente vainement de s'opposer au destin maléfique qu'a prévu le sage Ulysse. Son cri d'horreur rappelle celui de Laocoon.

▼ *L'aveuglement de Polyphème,* reconstitution sur la base de moules des originaux de l'un des groupes de Sperlonga, Bochum, Université de la Ruhr. Ce groupe impressionnant consiste en des personnages plus grands que nature et montre le moment qui précède l'aveuglement du cyclope. Ulysse dirige l'action et défie le sort en s'exposant à la colère du monstre. Il dirige le pieu que manient deux compagnons, tandis qu'un troisième s'enfuit. La ruse, l'intelligence et le courage l'emportent sur la force brutale.

323-31 av. J.-C.

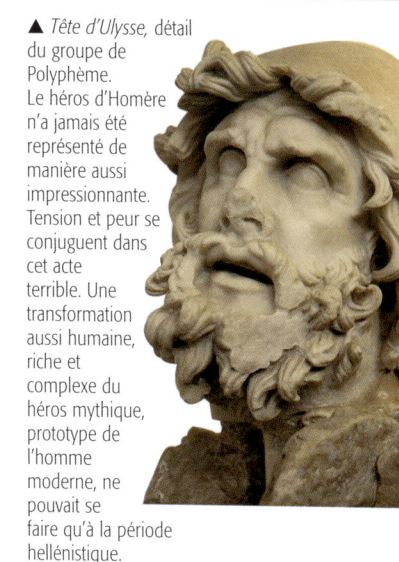

▲ *Tête d'Ulysse,* détail du groupe de Polyphème. Le héros d'Homère n'a jamais été représenté de manière aussi impressionnante. Tension et peur se conjuguent dans cet acte terrible. Une transformation aussi humaine, riche et complexe du héros mythique, prototype de l'homme moderne, ne pouvait se faire qu'à la période hellénistique.

◀ Athanadore, Agésandre et Polydore, *Marin abattu par Scylla,* détail du groupe Scylla. Ce groupe, le seul à avoir été signé, est peut-être le plus étonnant de l'Antiquité : les gens et les monstrueuses têtes de chiens tournent dans l'air, emmêlés dans un combat sauvage, tandis que le terrifiant buste féminin de Scylla, qui se hisse au-dessus du tumulte, traîne les corps des marins hors du bateau pour les engouffrer dans la gorge des monstres assoiffés de sang. L'espace est flexible et totalement différent de ce qu'il était à la période classique, lorsqu'il se fondait encore sur des angles droits.

323-31 av. J.-C.

La libération des formes : le cri de Laocoon

Le *Laocoon* (Musée du Vatican) est l'œuvre des artistes originaires de Rhodes qui ont réalisé le groupe de Scylla. Il pourrait être basé sur un original de bronze de la deuxième moitié du 2e siècle av. J.-C., comme il ressort de la composition, axée sur une vision exclusivement frontale. Le prêtre troyen Laocoon a dit la vérité et en est terriblement puni : le juste est ainsi soumis à un incompréhensible mauvais sort.

▼ Le rendu théâtral, presque pittoresque de l'événement est rassemblé dans un espace limité et plat. L'art grec, qui voulait contrôler l'espace, semble être enfermé dans l'étau des deux dimensions. La force prométhéenne de l'homme est vaincue : Laocoon est l'alter ego d'Ulysse.

323-31 av. J.-C.

▼ Apprendre ce que les mortels ne devraient pas savoir n'amène que chagrins et folie. Avec cet homme juste, ce ne sont pas seulement les murs de Troie qui s'écroulent : une quête spirituelle séculaire arrive aussi à son terme. La structure osseuse du visage semble fondre, comme mue par une force centrifuge interne qui ne peut qu'entraîner un relâchement des formes. La dernière création de l'art grec donne une réponse tragique au cri impuissant de l'homme écrasé par le destin. La conscience de la condition humaine a ravagé toute forme d'harmonie, et n'a laissé de place qu'au désespoir : 'la fin de la vie est un supplice'.

ANALYSE DES CHEFS-D'ŒUVRE

Protomés des lions, au Temple de Zeus, à Olympie, 5e siècle av. J.-C.

Annexes

ANNEXES

CARTE DES LIEUX ÉVOQUÉS

- Cumes
- Pompéi
- Paestum
- Tarente
- **MAGNA GRAECIA**

Mer Adriatique

- Ségeste
- Selinonte
- **SICILE**
- Agrigente
- Gela
- Reggio Calabria
- Syracuse

Golfe de Corinthe

PÉ

Mer Méditerranée

132

CARTE DES LIEUX ÉVOQUÉS

ANNEXES

Mer Noire
(Pont-Euxin)

THRACE
Byzance

Thessalonique
CHALCIDIQUE

Mer Égée

Troie

PHRYGIE

LESBOS
Pergame
IONIE
LYDIE
Sardes

Thèbes
EUBÉE
ATTIQUE
Corinthe Athènes
Épidaure Sounion
SAMOS
Éphèse
Priène
Milet
Didymes
Aphrodisias
Nemrut Dag
Termessos
CARIE **LICIE**
Halicarnasse Pergé
Cnide Caunes
Xanthus

Cyclades

RHODES

Cnossos Mallia
Phaistos **CRÈTE**
Haghia Triada Zakros

133

CHRONOLOGIE

▶ Aphrodisias (Carie), théâtre de la période hellénistique, reconstitué sous Marc-Aurèle, 161-180 apr. J.-C.

6000-2600 av. J.-C.
NÉOLITHIQUE
2600-1150 av. J.-C. environ
PÉRIODE MINOENNE
2600-2000 av. J.-C.
PÉRIODE PRÉPALATIALE
2000-1700 av. J.-C.
PÉRIODE PROTOPALATIALE
1700-1400 av. J.-C.
PÉRIODE NÉOPALATIALE
1400-1150 av. J.-C.
PÉRIODE POSTPALATIALE
14e-12e siècle av. J.-C.
PÉRIODE MYCÉNIENNE
13e-12e siècle av. J.-C.
Destruction de Troie
12e siècle av. J.-C.
Invasion des Doriens
12e-10e siècle av. J.-C.
MOYEN AGE GREC
11e-9e siècle av. J.-C.
Migration grecque vers l'Anatolie
11e-9e siècle av. J.-C.
Débuts de la navigation grecque et phénicienne
10e-8e siècle av. J.-C.
PÉRIODE GÉOMÉTRIQUE

814 av. J.-C.
Fondation de Carthage
8e siècle av. J.-C. (début)
Fondation des premières colonies
776 av. J.-C.
Date traditionnelle des premiers Jeux Olympiques
8e siècle av. J.-C. (milieu)
Rédaction de l'*Iliade*
8e siècle av. J.-C. (fin)
Rédaction de l'*Odyssée*
7e siècle av. J.-C.
PÉRIODE ORIENTALISANTE
7e siècle av. J.-C. (milieu)
Début du règne des Tyrans dans de nombreuses villes grecques
625-545 av. J.-C.
Thalès de Milet fonde la première école de philosophie
610-480 av. J.-C.
PÉRIODE ARCHAÏQUE
570-490 av. J.-C.
Pythagore et Croton à Métaponte

550 av. J.-C.
Cyrus le Grand défait les Mèdes et fonde l'empire perse
547 av. J.-C.
Cyrus défait Crésus de Lydie
520 av. J.-C.
Darius le Grand étend l'empire perse jusqu'à l'Indus
505 av. J.-C.
Clisthène fonde la démocratie à Athènes
494 av. J.-C.
Les Perses écrasent l'insurrection des Ioniens
490 av. J.-C.
Première guerre médique, victoire de Marathon.
480-479 av. J.-C.
Deuxième guerre médique, victoires de Salamine et Platées
480-450 av. J.-C.
PÉRIODE D'AUSTÉRITÉ
478 av. J.-C.
Fondation de la ligue attico-délienne sous la direction d'Athènes

▶ Amphore proto-attique représentant *Ulysse crevant l'œil de Polyphème,* détail, 6e siècle av. J.-C., Paris, Bibliothèque nationale.

CHRONOLOGIE

ANNEXES

◀ *Héraclès* figurant sur le fronton du Temple d'Aphaia, à Égine, Munich, Antikensammlungen.

▼ *Victoire de Samothrace,* provenant de Rhodes, vers 190 av. J.-C., Paris, Musée du Louvre.

470-399 av. J.-C.
Socrate
460-429 av. J.-C.
Époque de Périclès à Athènes
450-323 av. J.-C.
PÉRIODE CLASSIQUE
431-404 av. J.-C.
Guerre du Péloponnèse opposant Athènes à Sparte, qui remporte la victoire
427-347 av. J.-C.
Platon
384-322 av. J.-C.
Aristote et Démosthène
338 av. J.-C.
Philippe II de Macédoine soumet la Grèce après sa victoire de Chéronée

334 av. J.-C.
Alexandre le Grand entre en Asie Mineure et asservit les Achéménides
329 av. J.-C.
Alexandre le Grand atteint l'Indus
323 av. J.-C.
Mort d'Alexandre et éclatement de son empire
323-31 av. J.-C.
PÉRIODE HELLÉNISTIQUE
264-241 av. J.-C.
Première guerre punique opposant Rome à Carthage
247 av. J.-C. – 245 apr. J.-C.
Empire des Parthes en Perse
218-202 av. J.-C.
Deuxième guerre punique. Rome est maîtresse de la Méditerranée.
189 av. J.-C.
Les Romains battent Antioche III à Magnésie, sous le commandement de Scipion l'Africain
168 av. J.-C.
Rome soumet la Macédoine
146 av. J.-C.
Rome pille Corinthe et la Grèce passe sous domination romaine
123-96 av. J.-C.
Forte expansion de Rome en Asie. Chute des empires hellénistiques
88 av. J.-C.
Mithridate VI, roi du Pont, en guerre avec Rome. Athènes ouvre les hostilités avec Rome.

86 av. J.-C.
Sylla pille Athènes
64 av. J.-C.
Pompée soumet la Syrie et termine la conquête de l'Asie Mineure
31 av. J.-C.
Octave bat Marc Antoine près d'Actium
30 av. J.-C.
Mort de Marc Antoine et Cléopâtre. L'Égypte devient province romaine.
27 av. J.-C.
Création de la province d'Achaïe.

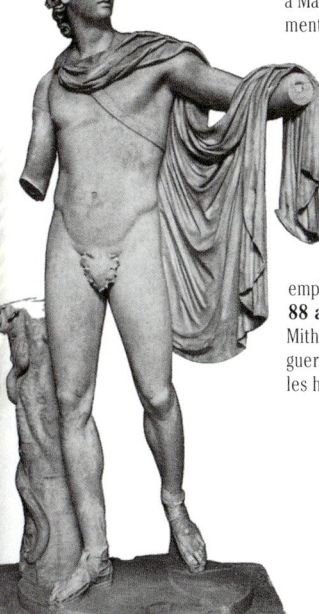

◀ *Apollon du Belvédère,* réplique romaine, Musée du Vatican.

INDEX DES NOMS

▼ Praxitèle,
Apollo Sauroktonos,
Musée du Vatican.

Alexandre le Grand, né en 356 av. J.-C., succède en 336 à son père Philippe II en tant que roi de Macédoine. En un peu plus de 10 ans, il conquiert l'immense empire perse, après avoir vaincu Darius et avoir progressé jusqu'à l'Indus ; pp 100-103, 106, 107, 116, 119.

Anaxagore, philosophe, né à Clazomènes en 500 av. J.-C. ; p. 70.

Antioche III, roi de Syrie, restaure par les armes et la diplomatie l'empire Séleucide. À l'instigation d'Hannibal, il déclare la guerre aux Romains mais se fait battre aux Thermopyles (191 av. J.-C.) et à Magnésie (189 av. J.-C.), ce qui met fin à son empire ; p. 106.

Apelle, un des peintres grecs les plus renommés. Originaire d'Ionie, il est le portraitiste de la Cour sous Alexandre ; p. 104.

Athanadore, sculpteur à Rhodes ; p. 126.

Attale Ier, roi de Pergame (241-197 av. J.-C.). Ses prédécesseurs lui avaient laissé un territoire considérable, une armée et un beau trésor de guerre. De la sorte, il a pu constituer un empire puissant et redoutable. Philhellène, il fut accueilli triomphalement à Athènes en 201 et devint un allié de Rome ; p. 120.

Bryaxis, sculpteur athénien du 4e siècle av. J.-C., peut-être originaire de Carie. Il a collaboré au Mausolée d'Halicarnasse et à la fameuse statue de Sérapis ; p. 88.

Callicratès, architecte athénien, assista Ictinos au Parthénon. Auteur du temple d'Athéna Nikè et des fortifications d'Athènes ; pp. 72, 78, 79, 97.

Cimon, général athénien, fils de Miltiade. A apporté son appui à de nombreux projets urbanistiques sur l'agora et l'acropole ; pp. 70, 72, 76.

Clisthène, législateur athénien, neveu du tyran de Sicyone (deuxième moitié du 6e siècle av. J.-C.). A démocratisé la constitution de Solon ; p. 51.

Clitias, un des plus grands peintres noir sur rouge de l'Attique. On ne lui connaît que seize œuvres ; p. 49.

Crésilas, sculpteur de la deuxième moitié du 5e siècle av. J.-C. Né en Crète, il a surtout travaillé à Athènes. On a conservé de nombreux écrits à son propos, et beaucoup de ses œuvres, parmi lesquelles l'*Amazone blessée* destinée au sanctuaire d'Artémis à Éphèse, pour laquelle il aurait, selon la tradition, rivalisé avec Phidias et Polyclète. Il a aussi réalisé un portrait renommé de Périclès ; p. 70.

Dédale, sculpteur légendaire. Banni d'Athènes, il vit en Crète où il travaille pour Minos. Il est considéré comme l'artiste par excellence et le découvreur de la technique ; pp. 12, 29.

Darius III Codoman, dernier roi de Perse, monté sur le trône en 336 av. J.-C. Vaincu par Alexandre aux batailles d'Issus et Gaugamèles, il est obligé de fuir et est assassiné en 330 par Bessus, satrape de Bactriane ; pp. 54-55, 116, 119.

Démosthène, l'orateur le plus réputé d'Athènes (384-322 av. J.-C.). Grand patriote, il dénonce la soif de pouvoir de Philippe de Macédoine. Après la défaite de Chéronée (388 av. J.-C.), il est contraint de faire face, à Athènes même, à une situation politique hostile. Après la mort d'Alexandre, il plaide de nouveau la cause des Grecs face aux Macédoniens, mais se suicide lorsqu'il est assuré de la défaite ; p. 118.

Dexileus, chevalier décédé à 20 ans, à Corinthe, en 394 av. J.-C. Représenté sur une stèle funéraire attique ; p. 87.

INDEX DES NOMS

◀ Phidias, *Athéna Lemnia*, 440 av. J.-C., réplique romaine, Bologne, Museo Archeologico.

Eschyle, poète tragique attique, né à Eleusis vers 525 av. J.-C. A combattu à Marathon et Salamine. Nous en avons conservé 7 tragédies ; pp. 49, 66, 82.

Eumènes II, successeur d'Attale Ier de Pergame. C'est pendant son règne (197-159 av. J.-C.) que Pergame atteint son apogée. Il développe un plan cohérent de construction de l'acropole. De cette période datent la bibliothèque, le grand autel de Zeus et le temple d'Athéna ; p. 110.

Euripide, poète tragique athénien (vers 480-406 av. J.-C.) qui a surtout connu la renommée après sa mort. Il aurait écrit une centaine d'œuvres, dot 74 nous sont connues ; pp. 70, 82.

Exékias, peintre et potier du troisième quart du 6e siècle av. J.-C. Onze vases portent sa signature en tant que céramiste, et 23 grands vases à figures noires, peints par ses soins nous sont parvenus. Deux sont signés.

Un grand nombre de peintres d'autres grands services de table, le Groupe E, ont subi son influence ; p. 48.

Hérodote, historien né à Halicarnasse vers 485 av. J.-C. Il est l'historien de la période archaïque et de la relation entre la Grèce et l'Est ; p. 70.

Ictinos, architecte athénien auquel Phidias et Périclès ont confié la confection des plans du Parthénon. A également travaillé à Éleusis ; pp. 72, 78.

Léocharès, sculpteur athénien du 4e siècle av. J.-C. A participé à la décoration du Mausolée d'Halicarnasse ; pp. 88, 102.

Lysimaque, général d'Alexandre, roi de Macédoine et d'Asie Mineure ; p. 107.

Lysippe, sculpteur de Sicyone, né vers 390 av. J.-C. Auteur de nombreuses œuvres telles que des statues d'athlètes et de dieux, des portraits et des allégories. S'est attaché à la représentation du mouvement. Portraitiste de la Cour d'Alexandre ; pp. 104, 105.

Mausole, satrape de Carie (377-353 av. J.-C.). A fait de sa capitale, Halicarnasse, une ville fameuse grâce notamment à son propre monument funéraire dont la construction a débuté de son vivant. Sa femme et sœur Artémise a poursuivi le travail, peut-être parachevé par Alexandre ; p. 88.

Myron, sculpteur d'Éleuthères à la frontière de l'Attique et de la Béotie. Travaillait surtout le bronze. Il a réalisé au milieu du 5e siècle av. J.-C. des statues de dieux et d'athlètes comme le fameux *Discobole*. Il était également réputé pour ses représentations d'animaux ; p. 60.

Péonius, sculpteur du 5e siècle av. J.-C. Il a réalisé les acrotères du temple de Zeus à Olympie et de la *Victoire* qui se trouve dans ce sanctuaire ; p. 84.

Parrhasios, peintre d'Éphèse, dans la deuxième moitié du 5e siècle av. J.-C. Il a surtout travaillé à Athènes où il était réputé pour sa virtuosité ; p.70

Pausanias, voyageur et écrivain grec du 2e siècle av. J.-C., auteur du *Récit descriptif d'un Voyage en Grèce*, extrêmement utile pour l'identification des sanctuaires et œuvres d'art ; pp. 18, 57.

Périclès, homme d'État athénien (vers 495-429 av. J.-C.), qui a dirigé pendant 30 ans la vie publique de la ville. Préconisait

ANNEXES

INDEX DES NOMS

▶ Athènes, Agora, stoa d'Attale Ier, 159-138 av. J.-C., reconstitué en 1953-1956.

une démocratie égalitaire, qu'il a rendue possible en recourant à la domination athénienne sur les autres villes. Il a aussi présidé à l'édification de grandes œuvres d'art ; pp. 71-73, 77, 78, 84.

Phidias, sculpteur, orfèvre et peintre athénien. Il a confectionné la statue de Zeus destinée au temple d'Olympie. Après les guerres médiques, a été chargé par Périclès de la direction des travaux de l'acropole, et s'est particulièrement occupé de la décoration du Parthénon ; pp. 57, 70-76, 80, 85.

Philippe II, roi de Macédoine, père d'Alexandre. Il a mené une guerre sans merci à Athènes : pp. 103, 103.

Philiscus, sculpteur de Rhodes au 2e siècle av. J.-C. À l'époque de Pline, on trouvait beaucoup de ses œuvres dans les sanctuaires romains. Surtout renommé pour son *Groupe de neuf Muses* ; p. 124.

Pindare, poète lyrique, originaire de Béotie (518-438 av. J.-C.). Il est surtout réputé pour ses *Odes* en l'honneur des athlètes des Jeux Panhelléniques ; p. 66.

Pisistrate, tyran d'Athènes. A accédé au pouvoir en 560 av. J.-C. Chassé à deux reprises par les aristocrates, il a instauré la tyrannie à titre définitif en 542. Il a fait réaliser de grands travaux de construction et a soutenu la littérature et les arts ; p. 37.

Plutarque, philosophe et historien, né en Chéronée, en Béotie, en 46 apr. J.-C. Il a étudié à Athènes et a enseigné la philosophie à Rome avant de revenir à sa ville d'origine. Son œuvre principale, les *Vies parallèles* des Grecs et des Romains a exercé une influence marquante sur la littérature européenne ; p. 72.

Polyclète, sculpteur du 5e siècle av. J.-C., peut-être né à Sicyone et devenu citoyen d'Argos. Habitait à Athènes. Réputé pour son travail du bronze, il a réalisé la Statue d'Héra pour le temple proche d'Argos. A renouvelé la forme du kouros avec ses statues d'athlètes, parmi lesquelles le *Porteur de Lance (Doryphore)* et le *Diadumène*, dans lesquelles il a appliqué les règles qu'il avait édictées dans son traité sur les proportions du corps humain, le *Canon* ; pp. 7, 80, 104.

Polyeucte, sculpteur de la première moitié du 3e siècle av. J.-C. Démocarès lui a commandé en 280 une statue de Démosthène destinée à l'Agora d'Athènes ; p. 118.

Polygnote, peintre grec originaire de Thasus, naturalisé ensuite Athénien. Il a travaillé jusqu'en 400 av. J.-C. à Athènes, mais aussi en Béotie et à Delphes. Il est généralement considéré comme le fondateur de la peinture grecque classique ; pp. 80, 81.

Praxitèle, sculpteur athénien du 4e siècle av. J.-C., fils de Céphisodote l'Ancien. Il a surtout vécu à Athènes, où il travaillait le bronze et le marbre. Il a laissé finir ses pièces par le peintre

INDEX DES NOMS

▶ Didyme (Turquie), Temple d'Apollon, 300-200 av. J.-C.

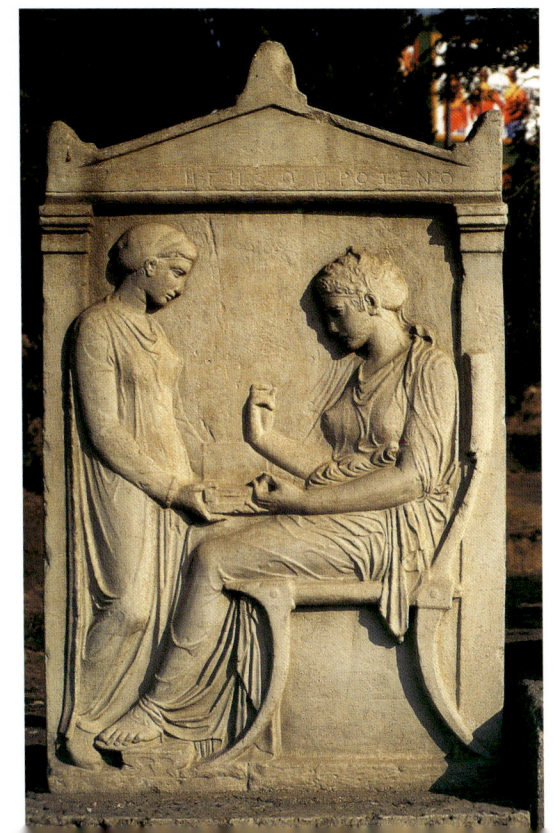

▼ Athènes, la nécropole du Céramique, stèle d'Hégésus, fin du 5e siècle av. J.-C.

Nicias. Il aurait confectionné de nombreuses statues votives et liées au culte, pour Athènes, la Béotie, Olympie, Mantinée et l'Asie Mineure. La plus fameuse est l'*Aphrodite* de Cnide ; p. 90.

Pythéos, architecte ionien de la deuxième moitié du 4e siècle av. J.-C. Il a construit le temple d'Athéna à Priène et a publié un traité dans lequel il vante les mérites du style ionique sur le style dorique ; pp. 88, 94.

Scopas, architecte et sculpteur du 4e siècle av. J.-C., originaire de Paros. Il a travaillé aux temples de Némée, d'Athéna Aléa à Tégée et au Mausolée d'Halicarnasse. Il a réalisé une des colonnes ornées de sculptures de l'Artémision à Éphèse et des statues d'Aphrodite Pandémos et de Méléagre. Il a exercé une grande influence sur l'art hellénistique ; pp. 70, 88, 90, 91, 111.

Socrate, philosophe athénien (470-399 av. J.-C.). Défenseur de la méthode dialectique. Un de ses élèves est Platon. Accusé de corrompre la jeunesse et d'introduire de nouveaux dieux, il est condamné à mort ; p. 70.

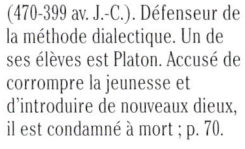

Sophocle, poète tragique né en 496 av. J.-C. à Colonus, près d'Athènes. Il a remporté vingt fois les concours de tragédie, devant Eschyle en 468. Il a écrit 130 œuvres dont huit tragédies et un drame satirique nous sont parvenus ; pp. 70, 82.

Thémistocle, homme d'État athénien qui, de 490 à 480 av. J.-C. a constitué la flotte athénienne. À cet effet, il a fait agrandir le port du Pirée et a fait construire des navires. Il a vaincu les Perses à la bataille de Salamine (480) et a entamé la construction des Longs Murs ; pp. 34, 70.

Théodore, architecte et ingénieur, sculpteur de bronzes. Il a collaboré à l'Héraion de Samos. Spécialisé dans les fondations sur terrains marécageux, il a été sollicité pour celles du premier Artémision, à Éphèse ; pp. 93, 97.

Timothée, sculpteur de la première moitié du 4e siècle av. J.-C. Il a réalisé une partie des statues du temple d'Asclépios à Épidaure. Il a aussi participé à la construction du mausolée d'Halicarnasse ; pp. 88, 93.

139

INDEX DES MYTHES ET DES DIEUX

▶ *Hydre attique, noir sur rouge avec Cerbère*, 530-525 av. J.-C., Paris, Musée du Louvre.

Achille, héros homérique, fils du mortel Pélée et de la déesse de la mer Thétis. Au cours de la guerre de Troie, il venge la mort de son ami Patrocle en tuant Hector, fils de Priam. A également vaincu l'amazone Penthésilée, mais meurt lui aussi devant Troie après avoir été blessé au talon ; pp. 48, 49, 55, 80.

Agamemnon, héros homérique, roi de Mycènes, chef des Grecs devant Troie ; pp. 18, 20.

Andromède, fille de Céphéus et de Cassiopée. Elle aurait été offerte à un monstre qui ravageait le royaume de son père, mais a été sauvée par Persée ; p. 81.

Aphrodite, déesse de l'amour, née de l'écume de la mer, mère d'Éros, épouse d'Héphaïstos, amante de Arès et Adonis. A protégé Pâris pendant et après le rapt d'Hélène, femme de

▲ *Kylix représentant Apollon qui apporte une libation*, Musée de Delphes.

Ménélas, roi de Sparte ; pp. 75, 122, 123.

Apollon, dieu de l'Olympe, fils de Zeus et de Latona, jumeau d'Artémis, dieu du soleil et des arts, protecteur des muses. Son sanctuaire le plus important se trouvait sur l'île de Délos ; pp. 35, 39, 42, 43, 47, 55, 58, 92, 114, 115, 117.

Artémis, déesse de l'Olympe, fille de Zeus et de Latona, jumelle d'Apollon, déesse de la chasse et de la lune ; pp. 25, 63, 107, 115.

Asclépios, dieu de la médecine, fils d'Apollon et de Coronis. Ses sanctuaires les plus importants se trouvaient à Épidaure et à Cos ; pp. 92, 93, 109.

Athéna, déesse de la sagesse et de la guerre, en temps de paix, patronne des arts. Est née, vêtue de son armure, de la tête de Zeus ; pp. 36, 37, 44, 47, 71, 73, 74, 76, 90, 91, 94, 97.

Atrée, ancêtre des Atrides, père de Ménélas et d'Agamemnon ; pp. 18, 19.

Clytemnestre, fille de Tyndare et de Léda. Épouse d'Agamemnon qu'elle a fait assassiner par son amant Égisthe. Son fils Oreste la tua pour venger son père ; p. 18.

Déméter, déesse de l'Olympe, fille de Chronos et Rhéa, déesse des labours, du grain et de la fécondité. Elle a surtout été révérée, avec sa fille Perséphone, dans les mystères d'Éleusis et en Sicile ; p. 75.

Dionysos, fils de Zeus et de Sémélé, dieu du vin et des transports mystiques. Il est généralement entouré de sa suite : sa femme Ariane, des ménades et des satyres ; pp. 75, 82, 83, 86, 90.

Gorgones. Des trois sœurs, Sthéno, Euryalé et Méduse, seule cette dernière, appelée Gorgone, est mortelle. Persée la décapite avec l'aide d'Athéna ; pp. 47, 92.

Hector, héros homérique, fils de Priam et mari d'Andromaque. A commandé la défense de Troie. Tué par Achille ; p. 30.

Héphaïstos, dieu du feu, fils de Zeus et Héra. Chassé de l'Olympe, il y est ramené par Dionysos ; p. 79.

Héra, sœur et épouse de Zeus, la déesse mère par excellence ; pp. 7, 44, 45, 56, 57, 79.

Héraclès, fils de Zeus et d'Alcmène. Il était particulièrement fort et a été obligé par Eurysthée d'accomplir douze travaux en punition pour le meurtre de ses propres enfants, dans une crise de folie. Il se battit contre les Amazones et tua

INDEX DES MYTHES ET DES DIEUX

Métope représentant le mariage de Zeus et Héra, provenant de Sélinonte, Musée archéologique de Palerme.

ANNEXES

le centaure Nessus lorsque celui-ci voulut enlever sa femme Déjanire ; pp. 36, 37, 47, 54, 59.

Hermès, fils de Zeus et Maia, dieu des bergers, des troupeaux et du commerce. Il accompagnait les âmes des défunts dans les enfers. Aux carrefours, son buste se trouvait sur une colonne ; pp. 90, 91.

Hippodamie, fille d'Oenomaos, a été l'enjeu de la course entre son père et Pélops ; p. 58.

Iris, personnification de l'arc-en-ciel qui assure le lien entre le ciel et la terre. Messagère des dieux ; p. 75.

Ménélas, roi de Sparte et mari d'Hélène qui le quitte pour le Troyen Pâris, ce qui déclenche la Guerre de Troie ; p. 30.

Minotaure, monstre affublé d'un corps d'homme et d'une tête de taureau. Fils de Pasiphaé, la femme de Minos. Il est enfermé dans le labyrinthe créé par Dédale et reçoit chaque année 14 jeunes Athéniens. Thésée le tue, libère les jeunes gens et délivre ainsi Athènes à jamais de ce tribut ; p. 12.

Oenomaos, roi de Pise en Élide, fils d'Arès. Informé qu'il serait tué par son beau-fils, il promet la main de sa fille Hippodamie à celui qui pourrait le battre dans une course de chevaux. Il est sûr de sa victoire, car il a reçu de Poséidon des chevaux invincibles. Malgré cela, Pélops arrive à le vaincre en soudoyant son aurige Myrtile qui sabote le char de son maître. Ainsi, Oenomaos tombe et se tue. Ce récit est illustré sur le fronton du temple de Zeus à Olympie ; p. 58.

Patrocle, héros homérique. Ami de cœur d'Achille, il part au combat avec l'armure d'Achille et se fait tuer par Hector qui l'avait pris pour Achille ; p. 49.

Pélops, fils de Tantale et père d'Atrée. Gagne par traîtrise la course de chars contre Oenomaos dont il épouse la fille Hippodamie. C'est à lui que le Péloponnèse doit son nom ; p. 58.

Penthésilée, Amazone, fille d'Arès. Part au secours de Troie et se fait tuer par Achille qui tombe amoureux d'elle au moment il la rencontre ; p. 54.

Persée, fils de Zeus et Danaé. Il se mesure aux Gorgones et tue Méduse, la seule Gorgone mortelle. Délivre Andromède d'un monstre marin ; pp. 47, 81.

Polyphème, cyclope anthropophage, fils de Poséidon. Il se fait crever l'œil par Ulysse qui s'attire ainsi la haine de Poséidon ; pp. 126, 127.

Poséidon, dieu de la mer, frère de Zeus ; pp. 52, 74, 78.

Thésée, héros athénien, fils de Poséidon et d'Aethra. Il vainc le Minotaure de Crète et enlève Ariane, fille de Minos, qui l'avait aidé ; p. 81.

Triton, fils de Poséidon, mi-homme, mi-poisson. Se bat contre Héraclès ; p. 37.

Ulysse, roi d'Ithaque. Il a imaginé le cheval de bois qui a permis aux Grecs de s'emparer de Troie. Ses errances sur le chemin du retour seront le sujet de l'Odyssée ; pp. 126, 127.

Zeus, dieu tout-puissant de l'Olympe, fils de Chronos et de Rhéa, mari d'Héra. Le temple d'Olympie lui est consacré ; pp. 50, 54, 55, 57, 58, 67, 72, 74, 78, 79, 110, 111, 116.

Artémis, 3e siècle av. J.-C., Vienne, Kunsthistorisches Museum.

L'ART GREC DANS LE MONDE

▶ Reconstitution du Mausolée d'Halicarnasse, Londres, British Museum.

Agrigente, Museo Archeologico
Un des musées les plus importants des colonies, surtout pour le matériel du temple de Zeus Olympien et de la magnifique collection de vases provenant d'un tombeau ; pp. 49, 55, 81.

Athènes, Musée de l'Acropole
La plus grande collection de statues grecques du monde, de la période archaïque à la période austère, récupérée dans le puits dans lequel les Athéniens l'avaient enterrée après la destruction de l'Acropole par les Perses. Les grands groupes des frontons, les *korai*, les *kouroi* et des monuments votifs remarquablement conservés, tout cela vaut bien une visite ; pp. 36, 39, 41, 66.

Athènes, Musée national
Il contient le panorama le plus complet de l'art grec, avec d'importantes œuvres néolithiques, cycladiques et mycéniennes, parmi lesquelles les trésors découverts par Schliemann, de superbes vases de la période géométrique, d'immenses *kouroi* archaïques, des monuments funéraires classiques, de grands bronzes et des œuvres de grands maîtres de toutes les régions de Grèce ; pp. 17, 20-22, 25, 26, 34, 35, 38, 39, 53, 67, 70, 80, 84, 86, 90, 91, 93, 104, 119, 125.

Berlin, Musée de Pergame
Entièrement consacré à l'autel de Zeus, à Pergame, qui a été fouillé à partir de 1871 par Carl Humann, emmené en Allemagne et finalement reconstitué avec le plus grand soin dans un musée spécialement édifié pour la circonstance. Les parties et les statues qui ont été découvertes pendant les fouilles, et en particulier la grande Iris avec *Amazonomachie* et la petite frise portant l'*Histoire de Téléphus*, ont été remises à leur place d'origine, ce qui permet d'étudier jusque dans le détail ce monument hors du commun ; pp. 110, 111.

Héraklion, Musée archéologique
Le plus important musée au monde, en ce qui concerne la période minoenne. Il possède des milliers de pièces parmi lesquelles de remarquables travaux d'orfèvrerie, des statues, des vases et des fresques (restaurées) ; pp. 10, 11, 14, 15, 31, 85, 92, 102, 105.

Londres, British Museum
A rassemblé de riches collections grâce aux fouilles réalisées au 19e siècle, et possède quelques-unes des collections les plus importantes d'art grec. Les sculptures du Parthénon ont été acheminées en Grande-Bretagne en 1801 par Lord Elgin, mais ne sont arrivées qu'en 1816 dans ce musée, au terme de longues polémiques. Le Musée abrite notamment la façade du monument ionique aux Néréides, à Xanthos, la frise du temple d'Athéna Nikè, les frises et quelques sculptures du Mausolée d'Halicarnasse et les sculptures de l'Artémision à Éphèse ; pp. 31, 68, 74, 76, 88, 118.

Naples, Museo Archeologico Nazionale
Possède surtout des œuvres de l'époque romaine dont beaucoup sont indispensables pour reconstituer les originaux grecs, ainsi que quelques chefs-d'œuvre de la Collezione Farnese. Une

▲ Épidaure, le théâtre vu du Sud.

L'ART GREC DANS LE MONDE

◀ Athènes, Nécropole du Céramique, stèle funéraire de la demos Potamos, 1ᵉ moitié du 4ᵉ siècle av. J.-C.

▼ Assos (Turquie), l'enceinte de la ville et la porte principale.

ANNEXES

section toute particulière concerne les découvertes faites à Pompéi : de nombreuses fresques et mosaïques, parmi lesquelles la mosaïque La *Bataille d'Issus* basée sur une des plus belles peintures grecques ; pp. 51, 80, 100, 104, 119.

Musée d'Olympie
Comprend les produits des fouilles d'Olympie et notamment le plus grand chef-d'œuvre de l'époque austère : les frontons et métopes du Temple de Zeus (460 av. J.-C.), ainsi que la *Nikè* de Paeonius et l'*Hermès* de Praxitèle, des ex-voto en bronze et terre cuite, et de grandes statues peintes en poterie. Une place particulière est accordée à un fragment d'une petite carafe qui porte la mention *'Phediou eimi'* c.-à-d. 'J'appartiens à Phidias'. Elle a été trouvée dans l'atelier où le grand artiste travaillait à la statue de Zeus ; pp. 25, 31, 50, 55, 67, 84, 90.

Palerme, Museo Archeologico
Surtout intéressante par sa collection de métopes provenant de Sélinonte et des bords du toit du temple d'Himéra ; pp. 47, 63.

Rome, Musei Capitolini
Collection extrêmement importante, groupant surtout des travaux de l'époque romaine, parmi lesquelles d'excellentes répliques de statues grecques et hellénistiques ; pp. 121, 123-125.

Rome, Museo Nazionale Romano
Exposition des divers bâtiments d'un grand intérêt historique et architectural. Possède une belle collection de répliques ainsi que quelques œuvres originales importantes ; pp. 60-61, 120-123.

Rome (Cité du Vatican), Musei Vaticani
Une des plus grandes collections d'antiquités du monde y est conservée dans un environnement architectural unique. Outre des originaux grecs, on y trouve aussi des répliques romaines.

Le *Laocoon* et le *Buste du Belvédère* ont eu une grande influence sur la période au cours de laquelle ils ont été retrouvés, et en particulier sur l'art de Michel-Ange et, par lui, sur tout l'art européen ; pp. 31, 32, 48, 71, 105.

Sperlonga, Museo Nazionale
Dans cette magnifique station balnéaire fondée par Tibère, on trouve quatre groupes, aussi restaurés que possible, relatant les odyssées d'Ulysse. Ils montrent toute les vertus humaines modernes ; pp. 126, 127.

▲ Perga (Turquie), enceinte et port de la période hellénistique.

Collection dirigée par Stefano Peccatori et Stefano Zuffi

C.I.P. Bibliothèque royale Albert Ier
LA GRECE ANTIQUE

Titre original : "Antica Grecia"
© 2000 by Leonardo Arte s.r.l., Milano
Elemond Editori Associati
Tous droits réservés

NUR 640, 680

© 2005 by Roularta Books

Roularta Books SA, Bruxelles
Tél. 051 26 65 59
Fax 051 26 66 80
roulartabooks@roularta.be
ISBN 90 5466 928 4

Texte: Luca Mozzati
Traduction française: Caroline Coppens
Mise en page: Jeroen De Keyser
Rédaction définitive: Charles Turquin
Impression: Martellago Mondadori Printing s.p.a., Via Castellana 98, Martellago (Venezia)

Crédits photographiques:
Luca Mozzati, Milan – Archivio Electa, Milan – Sergio Anelli, Milan
Archivio Scala, Antella (Fi) – Diego Motto, Milan
© Avec l'autorisation du Ministero per i Beni e le Attività culturali. Soprintendenza Archeologica di Roma.

Remerciements aux musées et archives ayant fourni le matériel iconographique.

Elemond Editori Associati est à disposition des ayants droit en cas d'éventuelle
réception de matériel iconographique sans mention d'origine de ceux-ci

Projet mené en collaboration avec La Biblioteca editrice s.r.l., Milan

Reproduction et/ou publication de tout ou partie totalement interdite par procédés électroniques ou autres,
y compris des systèmes automatiques d'information, sans autorisation écrite préalable de l'éditeur. A
l'exception de courts fragments, exclusivement à usage de citation.

No part of this book may be reproduced in any form or by any electronic or mechanical means, including
information storage or retrieval devices or systems, without prior written permission from the publisher,
except that brief passages may be quoted for review.

Dépôt légal: D/2005/5166/57